向“新”出发

——中国铁路广州局集团有限公司职工“五小”展览成果集

《向“新”出发》编委会　编

中国铁道出版社有限公司

2024年·北京

图书在版编目（CIP）数据

向“新”出发 ：中国铁路广州局集团有限公司职工“五小”展览成果集 /《向“新”出发》编委会编. 北京 ：中国铁道出版社有限公司，2024. 11. -- ISBN 978-7-113-31764-5

Ⅰ. U2

中国国家版本馆 CIP 数据核字第 2024617MX0 号

书　　名：向“新”出发——中国铁路广州局集团有限公司职工“五小”展览成果集
作　　者：《向“新”出发》编委会

策　　划：黄　璐
责任编辑：李润华　白小玉　编辑部电话：（010）51873138　电子邮箱：jiliang@ tdpress. com
编辑助理：王熙文　陈　颖
封面设计：高博越
责任校对：刘　畅
责任印制：高春晓

出版发行：中国铁道出版社有限公司（100054，北京市西城区右安门西街 8 号）
网　　址：https：//www. tdpress. com
印　　刷：北京盛通印刷股份有限公司
版　　次：2024 年 11 月第 1 版　2024 年 11 月第 1 次印刷
开　　本：787 mm×1 092 mm 1/16　印张：16. 25　字数：325 千
书　　号：ISBN 978-7-113-31764-5
定　　价：98. 00 元

编 委 会

前言

劳动光荣　创新筑梦

“十四五”以来，中国铁路广州局集团有限公司广大职工立足岗位、胸怀大局，积极参与合理化建议和“四技”“五小”等群众性活动，企业科技创新、技术攻关的一线价值量、贡献率持续上扬，职工年均提出合理化建议超1万条，有效转化“五小”成果超4 000个，累计获得国家专利273项、省部级科技奖项35个、集团级科技奖项200个。这一个个创新成果，鲜活地呈现广大职工善于发现问题、敢于探索问题、勇于解决问题的聪明才智和创造活力。

本书收录了2022年以来征集到的职工“五小”创新创效优秀成果88个（其中30个获国家专利）。这些成果来自集团公司各个系统、各个专业，涵盖了小革新、小发明、小创造、小设计、小建议多个方面，忠实地记录了职工的“小创意”“大智慧”。这些成果不仅展示了职工的匠心独运、潜心钻研，在解决难点堵点问题时的执着精神和坚韧品格，也反映了他们将现场“问题清单”变“成果清单”的创新能力和实践智慧。

职工创新创造永远在路上，我们希望通过这些优秀成果，能为更多职工带来启迪，让大家认识到创新并不遥远，每个人都可以成为创新的主体。我们相信广大职工在岗位上将持续探索，用汗水浇灌梦想，用创新筑造梦想，为现代化广铁建设贡献更多的智慧和动力。

在编写本书的过程中,我们深感职工创新成果的珍贵和不易。他们大多为铁路一线普通职工,文字尽显"露珠水甜""草根味浓"。同时,由于编者水平有限,加之时间仓促,难免挂一漏万,敬请广大读者批评指正。

编　者

2024 年 10 月

目录

成果视频

基于机器视觉的
铁路水下设施
设备检查机器人

1 基于机器视觉的铁路水下设施设备检查机器人

成果完成人

吴杰伟

成果完成人简介

吴杰伟，广州局集团公司机务部高级工程师。他致力于在工作中通过科技手段保安全、增效益，先后研发了粤海铁路移动储能电站、水下检查机器人等多个项目，累计产生价值超亿元，其成果在多个铁路局集团公司推广应用。2020 年—2023 年，他作为主要完成人获得广州局集团公司科技进步特等奖 2 次、一等奖 4 次、二等奖 2 次、三等奖 2 次；拥有软件著作权 2 项，国家发明专利 10 项。

创新成果项目介绍

创新成果简介

基于机器视觉的铁路水下设施设备检查机器人具备卓越的作业性能。它拥有全驱动动力布局系统，搭配无轴桨叶及智能抗扰算法，能够在 1.3 s 内快速响应，算法收敛速度提升 20%，可根据不同的水流环境灵活调整其水平推进器的角度，进而确保在各种复杂的水流条件下都能稳定、高效地工作；机身结构采用模块化设计，骨架、动力、运动、控制和连接等模块都承担特定的功能，模块之间通过标准化的连接模块进行连接，可实现快速拆卸和组装，并可根据具体任务需求进行定制，极大提高了机器人的通用性和实用性；龙骨上预留了多个拓展连接孔位，可以搭载各种拓展模块，如机械臂、清洁刷头、自动切割刀等，从而实现功能的多样化。机器人配合水面辅助船智能供电系统、高精度摄像头与高精度声呐相互搭配组成的空间智能感知系统，能实现连续 12 h 以上的自主水下结构检测，极大降低了水下作业的操作复杂性和难度。

创新成果背景

传统检测方法以潜水员目视及摸探为主，检测成本高、耗时长、效率低、漏检率高。受水下复杂环境和潜水员专业能力影响，水下作业安全性和检测结果准确性难以保证。国内外以水下无人机为载体，搭载摄像、声呐、机械臂等设备进行水下作业的研究颇受重视。水下检测无人机成为科技发展趋势，其具有模块化和智能化等特点，能满足不同检测需求。

创新成果目标/解决的关键问题

(1)利用高清摄像头和其他模块组合，通过加装机械臂，远程或自主控制机械臂进行工作，实现对船舶底部的清洁和清理。

(2)利用声呐、高清摄像头，结合图像处理技术，实现对船舶水下结构、水库大坝、桥梁水下结构、探箱进行表面观察高清拍摄和缺陷检测。

(3)优化图像处理技术和方法，以适应不同类型和复杂度的水下结构检测需求。

创新成果创新点

多环境：多环境适应是基于机器视觉的铁路水下设施设备检查机器人设计中的一项关键技术特性，它使机器人能够根据不同的水流环境灵活调整其水平推进器的角度，进而确保在各种复杂水流条件下都能稳定、高效地工作。

多模块：机器人由多个模块组成，包括骨架、动力、运动、控制和连接等模块。每个模块都承担特定的功能，并且模块之间通过标准化的连接模块进行连接，可实现快速拆卸和组装。

多功能:机器人的龙骨上预留了多个拓展连接孔位,可以搭载各种拓展模块,如机械臂、清洁刷头、自动切割刀等,从而实现功能的多样化。

超长续航:机器人采用模块化设计,可以在不中断任务的情况下,快速更换或维修出现故障或需要保养的模块,减少停机时间,提高任务效率,确保机器人能在不中断任务的情况下持续工作。

超清识别:机器人使用了 MSH 视觉增强技术,通过软硬件处理技术、视觉与声学技术的相互叠加处理,实现了水下超高清病害识别,突破浑水识别难题。

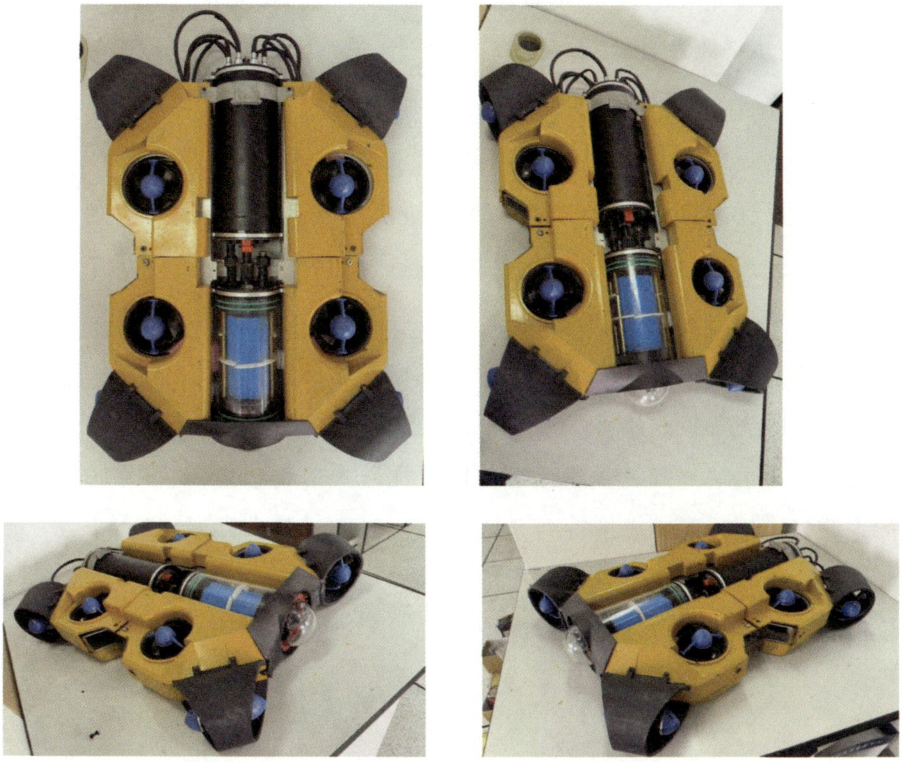

基于机器视觉的铁路水下设施设备检查机器人

攻坚小故事

水下检查机器人诞生记

“如果有一台机器可以替代蛙人,潜入水中检查船底和桥梁基桩,数据又能及时传输回来,马上能够分析出病害就好了。”在配合检查水下病害的时候,检测人员说。

听到检测人员的话后,吴杰伟深感其重要性与紧迫性。经过广泛的市场调研和技术评估,发现虽然已有部分水下机器人技术应用于海洋探索、水下考古等领域,但针对特定需求,如船底和桥梁基桩病害检测的高精度、实时传输需求,解决方案尚不成熟。

基于这一现状,吴杰伟制定了详细的项目规划,明确了技术难点、研发周期及预期目标,并组建了一支跨部门攻关小组。经过多年的技术研发和创新,反复的测试和优化,收集到大量的宝贵数据,解决了水下定位精度、数据传输稳定性、图像清晰度等关键问题。

基于机器视觉的铁路水下设施设备检查机器人成功入水使用,不仅极大地提高了检测效率和准确性,还显著降低了人员安全风险。检测人员在岸上通过控制台即可实时监控机器人工作状态,获取详细的病害数据。这一创新成果得到了行业内外的广泛赞誉,为铁路水下设施设备检查领域带来了新的变革。

成果视频

暖风机稳压电路板
自主修攻关

2　暖风机稳压电路板自主修攻关

成果完成人

贺　刚

成果完成人简介

贺刚，广州机车检修段机车电工特级技师，曾获广铁工匠、广州局集团公司金牌导师、广铁技术能手等荣誉。其自主设计的“一种公铁两用车牵引装置”获国家实用新型专利；作为编委编写的《机务检修电工专业知识》等4本教材获广州局集团公司职工培训优秀成果三等奖；参与编写的广州局集团公司必知必会手册《铁路机车电工》等6本教材在广州局集团公司培训中推广使用；带领团队成员斩获国铁集团级技能竞赛名次10个（含3个全路第一）、集团公司级技能竞赛名次86个，培养出火车头奖章获得者3人、全路技术能手6人、广铁技术能手19人、高级技师4名、技师45名、高级工278名。

创新成果项目介绍

创新成果简介

暖风机稳压电路板自主修攻关是通过对电路的研究，画出电路原理图、印刷电路图，并在修复过程中将攻关方法形成课件教材《暖风机稳压电路板——原理及维修》。职工通过学习教材达到快速理解电路板原理，判断电路板元器件是否合格，掌握常见故障查找，实现自主修目的，同时提升职工的模拟电子技术操作水平。

创新成果背景

广州机车检修段平均每年承修 100 余台和谐型电力机车 C4/C5 修，下车的暖风机有 200 多台，其中电路板有 20 多块出现故障，故障率近 10%。职工对故障暖风机电路板直接更换，由于没有自主修复能力，按常规工序更换成本达数万元。

创新成果目标/解决的关键问题

一是只需花费数十元材料费，便可自主修复电路板，直接节省单个故障电路版更换成本数千元，有效降低检修成本。二是解决了机务系统没有专门暖风机电路板维修培训教材、资料的问题。三是通过使用教材、资料达到批量培养具备电路板故障查找及修复能力的职工，达到自主修的目的。四是提升职工处理微电故障能力，促使职工电子技术操作水平有较大提高，解决了职工高水平技能培训需求。

创新成果创新点

创新性：在暖风机稳压电路板自主修攻关中形成电路板的电路原理图、印刷电路图及《暖风机稳压电路板——原理及维修》课件教材。

实用性：通过学习教材及资料可使职工快速理解电路板原理，并能判断电路板元器件是否合格，懂得常见故障的查找方法；可指导职工修复电路板，进而节约检修成本，同时提升职工的电子技术操作水平。

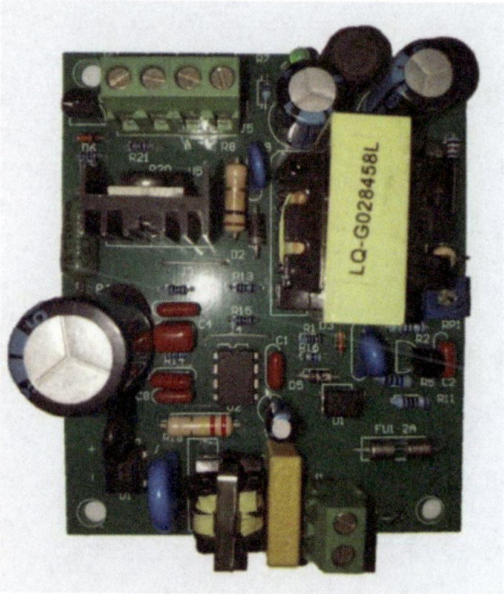

暖风机稳压电路板（主视图）

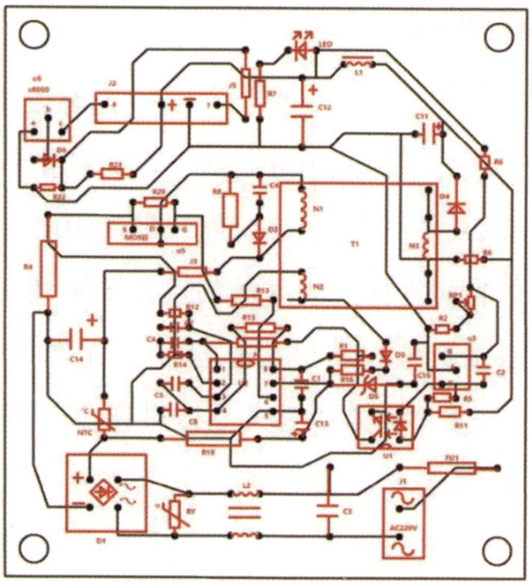

暖风机稳压电路板（电路原理图）

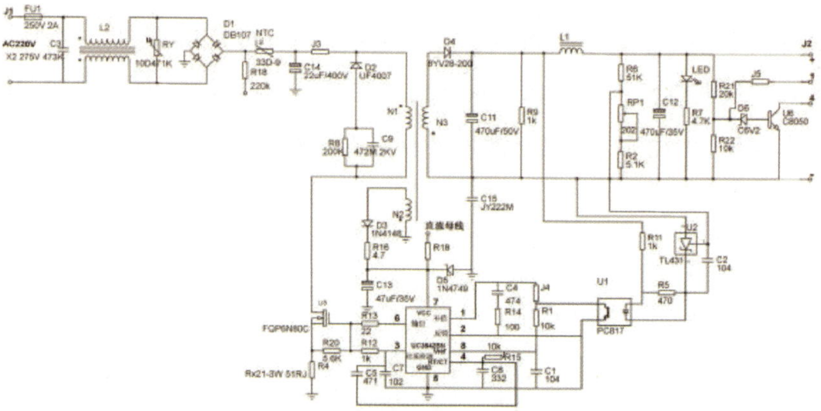

暖风机稳压电路板（印刷电路图）

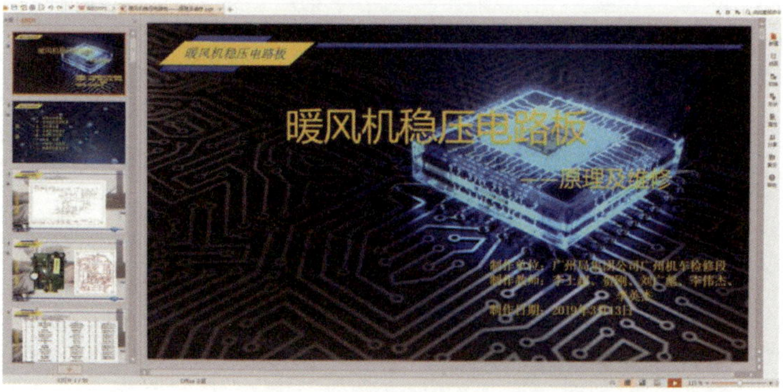

《暖风机稳压电路板——原理及维修》培训教材

攻坚小故事

30 元等效 3 800 元

省下的就是赚到的。广州机车检修段一年下车 200 多块电路板约有 20 多块出现故障，故障率近 10%，过去职工没有电路板修复能力只能直接更换。故障电路板主要是烧损个别零部件，我们有没有办法自己修复呢？带着问题，贺刚与几名电子高手聚在一起商量。他们取回 3 块故障电路板反复测试研究，发现电路板有些问题出在 N 沟道 MOS 管，有些是压敏电阻短路，有些是铝电解电容或芯片烧结。

“我们先把电路图画出来。”贺刚信心满满地向伙伴们下达指令。随即，刘广彪、李伟杰马上行动，他们利用业余时间画电路图，测试、更换、焊接，持续一个月推敲试验，成功把 3 块故障电路板修复，经车间试验台 AC 220 V 测试，输出电压在 DC 24×(1±10%) V 范围内，校验合格。修复的电路板试验成功让伙伴们兴奋不已。经统计，修复电路板材料成本约 30 元/块，而更换新电路板则需 3 800 元/块。

成果视频

一种机车车钩钩尾框厚度专用测量工具

3 一种机车车钩钩尾框厚度专用测量工具

成果完成人

张峰嘉　贺喜龙　李　立　尹仕伟

成果完成人简介

张峰嘉，怀化机务段怀化检修车间电力机车钳工、高级技师，曾获全国五一劳动奖章、火车头奖章等荣誉，其工作室 2018 年被中华全国铁路总工会命名为火车头劳模和工匠人才创新工作室。他带领工作室成员累计完成 70 项技术革新和惯性故障攻关，获国家发明专利 2 项。

注：成果完成人为多人的情况，成果完成人简介中仅介绍第一完成人。

创新成果项目介绍

创新成果简介

一种机车车钩钩尾框厚度专用测量工具可对和谐型机车车钩钩尾框厚度进行车上测量,在不需要拆卸机车车钩钩尾框的情况下,能同时对运用机车进行有效入库把关跟踪测量,确保行车安全;该装置采用了可调式结构,更好地满足实际测量需求,提高了现场适应性,具有较高的推广价值。

创新成果背景

和谐型机车车钩本身结构设计紧凑,车钩钩尾框及缓冲器组装后,不仅其预留空间非常小,而且钩尾框下部还有牵引装置的牵引底座。所以在日常检查作业中,只能看到钩尾框有没有磨损,但磨损后的钩尾框厚度却不便于测量(游标卡尺、钢板尺等均由于空间过小而无法进行有效测量),为此设计出一种机车车钩钩尾框厚度专用测量工具很有必要。

创新成果目标/解决的关键问题

创新成果目标:提供一种能够在狭小空间内准确测量机车车钩钩尾框厚度的专用工具,满足机车日常检查和维护的需求;实现对运用机车的入库把关跟踪测量,确保行车安全;推广本测量工具,提高机车维护效率和质量。

解决的关键问题:一是解决空间限制问题,方便在狭小空间内进行测量。二是测量准确性问题,通过第一测量爪与第二测量爪的配合,以及摩擦轮的定位作用,保证数显装置与主尺体相对位置的稳定性,方便后期读数,进一步提高测量的准确性。三是适应性问题,第一测量爪和第二测量爪的嵌套连接设计,方便拆装,也便于提高工具的适应性。

创新成果创新点

新颖性:项目成果在全路属于首创,已获国家实用新型专利。

创新性:能够适应机车车钩钩尾框的特殊结构,解决在狭小空间内手部不便深入的问题,提高测量的灵活性和适应性。

实用性:项目成果可在不拆卸车钩钩尾框的情况下进行测量,实现对运用机车入库把关跟踪测量。这一功能不仅提高了测量的效率,减少了机车维护的时间和成本,还能够及时发现车钩钩尾框的磨损情况,确保行车安全。

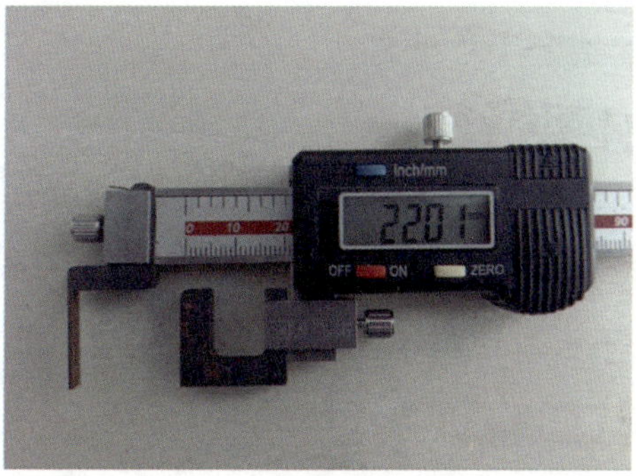

主视图

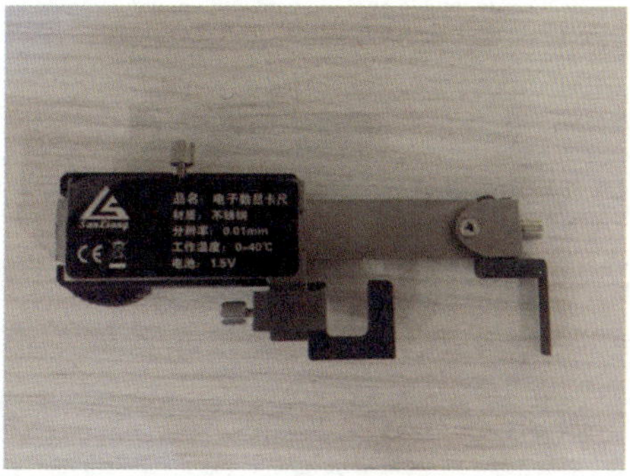

后视图

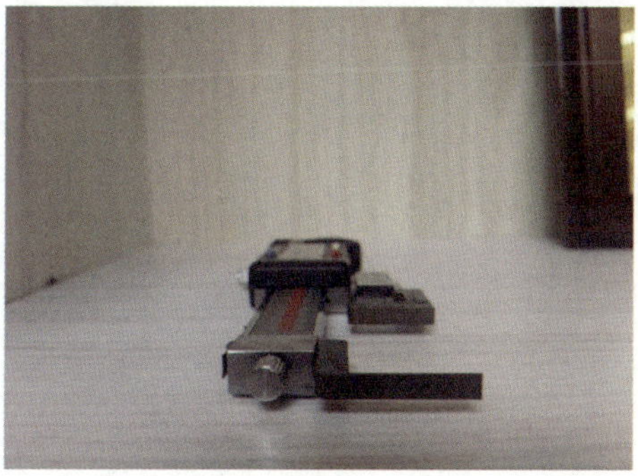

左视图

主尺

车上测量（一）

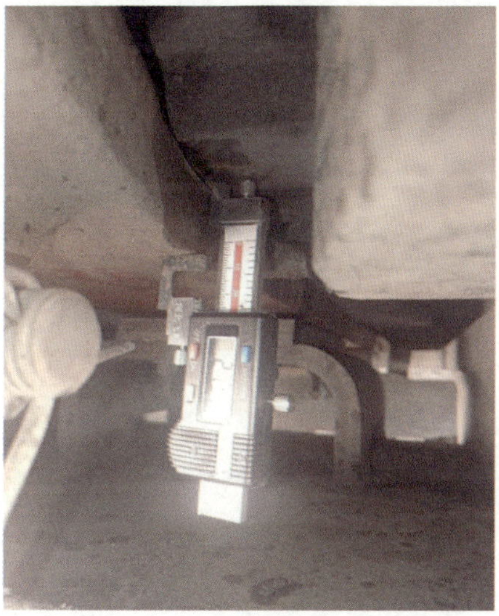

车上测量（二）

攻坚小故事

机车车钩钩尾框厚度测量的突破

在机车检修的战场上，一群创新者向机车车钩钩尾框厚度测量难题发起挑战。HXD_1型机车的胶泥式缓冲器容易造成回弹响应慢的问题，使得从板松动，磨损车钩钩尾框上下板。而机车车钩结构紧凑，空间极小，钩尾框下还有牵引装置底座，传统测量工具难以施展。于是，一支由工程师和技术能手组成的攻坚团队迅速行动。他们深入现场，仔细观察车钩结构。起初，进展艰难，空间限制如鸿沟难越，但他们不放弃，在反复讨论试验中，决定设计专用测量工具。从工具成形到实现角度调节，再到滑杆等设计优化和材料精心挑选，团队成员日夜奋战。终于，机车车钩钩尾框厚度专用测量工具成功诞生，为狭小空间测量打开新大门，团队成员深感欣慰。

成果视频

机车数据智能分析系统

4　机车数据智能分析系统

成果完成人

吴东昊

成果完成人简介

吴东昊，株洲机务段株洲检修车间机车电工技师，曾获火车头奖章等荣誉。累计参与 30 余项技术革新、科研成果和惯性故障攻关，获全国铁路青年科技创新奖 1 次，广州局集团公司质量管理小组优秀奖 3 次，广州局集团公司科技进步奖 2 次，企业管理现代化创新成果奖 1 次。

创新成果项目介绍

创新成果简介

机车数据智能分析系统根据和谐型电力机车故障筛选规则，对机车远程监测与诊断系统（CMD）报警信息自动筛选分析，可有效剔除机车非正常运行、人为操作或正线运行工况的衍生故障，筛选出机车真实故障信息。通过实时动态监控机车运用质量状态，可以最有效预防微机控制系统、制动系统、变流装置故障隐患，提高了机车检修质量，保障了人民的生命财产安全以及铁路正常的运输秩序，为铁路安全运营奠定了坚实的基础。

创新成果背景

以株洲机务段配属的249台和谐型电力机车为例，预计每天产生的CMD TCMS报警数据约3万条，数据量8MB左右。但通过剔除报警数据中机车人为操作或正常工况的伪故障，筛选出机的车真实故障信息每日一般不超过100条，真实故障信息仅占比0.03%。

目前机务段对CMD实时报警数据的分析主要分为两种：

（1）通过机务段整备场大功率专家诊断系统平台进行转储分析。整备车间需安排4人4班倒对每日入库的约100台和谐型机车的车载严重故障数据通过平板电脑下载，数据通过内网WLAN上传至大功率专家诊断系统平台进行自动分析报活。大功率专家诊断系统平台仅对入库机车严重故障数据进行分析，无法对机车CMD报警数据进行实时分析，无法实时掌握机车状态进行分析、预警，缺乏时效性。

（2）通过机务段质量分析中心分析人员对CMD TCMS实时报警数据进行每日分析。质量分析中心通过浏览CMD系统对TCMS实时报警数据进行日分析，需安排8名分析人员。机务段质量分析中心分析人员无法做到对数据的实时分析，且分析人员技能水平有差异，人工分析的准确率也不一致。

创新成果目标/解决的关键问题

本系统通过对故障逻辑的研究梳理，实现对线上机车报警数据的实时清洗，屏蔽次生故障精确定位机车故障，准确掌握机车质量情况。

2023年，本系统自动采集372万条报警信息，自动筛选了真实故障4 420条，清洗率99.88%，经过人工二次分析再次清洗故障179条，清洗准确率为95.95%。大幅度减少了数据分析人员的工作量，提高了机车检修效率。

创新成果创新点

新颖性：本项目获得了2022年全路青年科技创新奖，2024年广州局集团公司科技进步三等奖。

创新性：机车数据实时转储、自动传输、自动分析；机车数据量大，数据清洗率、清洗准确率高；数据自动报活、闭环管理。

实用性：系统为 B/S 架构，在其他站段部署时，只需根据其他站段配属的和谐型机车，建立相对应机型的故障筛选规则；故障筛选规则在系统中可自行配制优化。

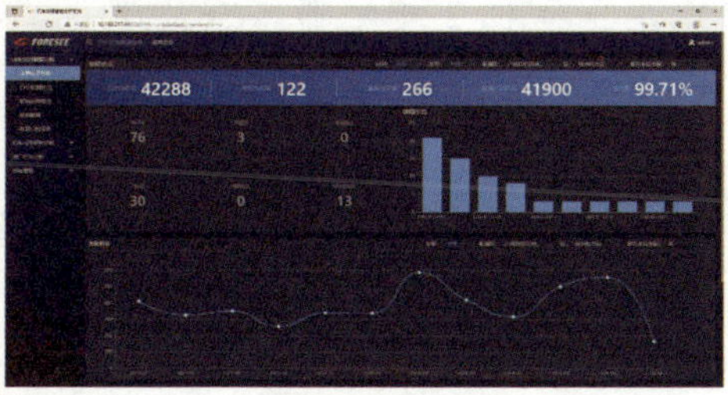

系统首页电子看板页面

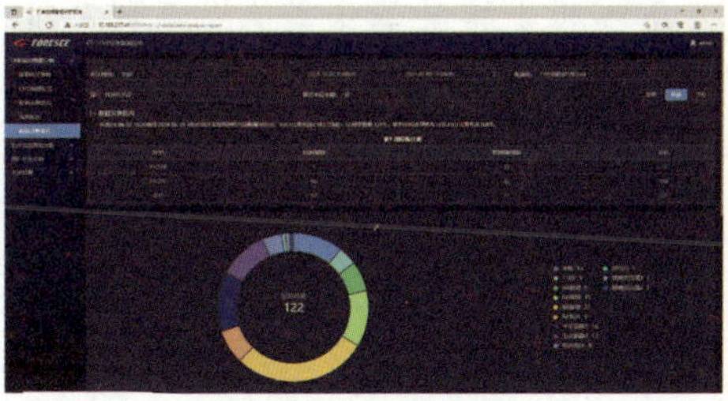

系统数据分析报表页面

系统采集的原始信息总览

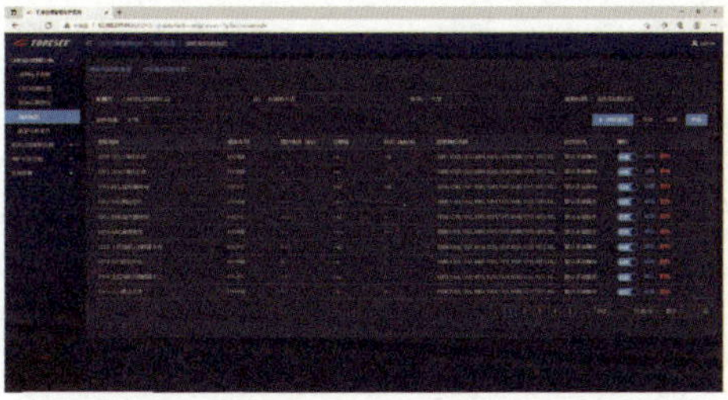

系统故障清洗规则配置页面

在调度室优化筛选规则

在会议室讨论项目开发

攻坚小故事

完善故障“筛选规则”

机车数据智能分析系统通过智能分析、自动报修大大减轻了作业人员人工下载数据分析、报修的工作量，但系统使用初期难免会出现误报警的情况。“东昊，今天 HXD_{1C}-6101 机车系统自动报修同时报了主压缩机 1 接触器卡合（故障代码 1003）、主压缩机 2 接触器卡合故障（1006），上车检查确认主压缩机接触器状态正常，怀疑是在检查过程中顶住接触器辅助联锁报出的误报警。”电一组工班长龙景凯向技术员吴东昊反馈系统自动报修存在误报警的情况。

因为两个部件同时发生故障的概率非常低，此类误报警通常产生于机车合、断蓄电池开关、日常检查和调试试验。为了消灭此类误报警，吴东昊通过翻阅电气原理图、上车反复试验、总结归纳机车微机网络控制原理，在原有清洗“次生故障”的清洗规则基础上，建立了“共生故障”的清洗规则，使系统清洗准确率由 70% 上升到 95%，减少了系统误报警，大大提高了系统的实用性。

成果视频

17 型车钩钩尾销挡板窜出处置专用工装

5 17 型车钩钩尾销挡板窜出处置专用工装

成果完成人

陈辉辉

成果完成人简介

陈辉辉，广州北车辆段安全科工程师，曾获火车头奖章、全路技术能手、广铁工匠等荣誉；组织研制了 17 型车钩钩尾销挡板窜出处置专用工装、便携式铁路货车主管法兰撑开器等十余项技术成果，有效提高现场故障处置效率。

创新成果项目介绍

创新成果简介

17 型车钩钩尾销挡板窜出处置专用工装由 Q235-A 板材、3T 千斤顶、钢丝绳、螺栓经过切割焊接处理制成,坚持安全、便捷高效的设计理念,通过 3D 建模及应力分析模拟处置流程,实现了压缩钩体支撑座弹簧功能,增加钩体上部与冲击座上壁之间的距离,从而取出故障钩尾销挡板。本工装具有良好的安全性能,结构简单,操作便捷,现场处置时间短,通用性强,能适应不同车型 17 型车钩钩尾销挡板故障处置,解决了列检现场无法处理 17 型车钩钩尾销挡板窜出故障的难题。故障处置时间由原来的 48 h 缩短至 2 min,降低了作业人员的劳动强度和安全风险,保障了铁路运输的安全稳定。自应用后,每年节省费用约 216 万元。

创新成果背景

随着我国铁路重载运输技术的不断提升,70 t 级铁路货车大量投入使用。17 型车钩钩尾销挡板因空心结构及焊接工艺、设计缺陷、运用环境、安装不当等因素,常见其脱离后卡滞钩身上部,存在配件脱落的安全隐患。而列检作业场作业人员无法有效处置该故障,增加了检修时间,影响了运输效率,重复占用设备资源,导致安全风险增大。

创新成果目标/解决的关键问题

一是解决了之前列检作业场无法处置 17 型车钩钩尾销挡板窜出故障、只能通过摘车施修的问题;由原来处置该故障需要 48 h 现缩短至 2 min,提高了劳动生产率,攻破了因该故障造成铁路货车运输安全隐患的难题。二是有效缓解了因扣临修车带来的解编、调车、货物倒装等对运输组织的影响,进一步保障了铁路运输的安全稳定,提升了铁路货运的可靠性和信誉度。

创新成果创新点

通用性:能适应不同车型铁路货车 17 型车钩钩尾销挡板故障处置。

创新性:项目成果专门针对 17 型车钩钩尾销挡板窜出这一特定故障进行设计,本工装的出现填补了之前列检现场无法有效处置该故障的技术空白。

实用性:采用了更安全、便捷的独特设计,能够在 2 min 内将车钩钩尾销挡板取出,操作简便安全,大大降低了操作过程中的作业人员人身伤害风险和培训成本,提升故障处置效率,易于推广实施。

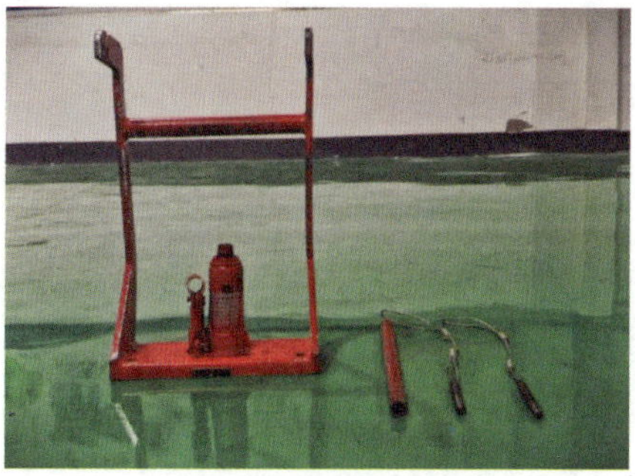

17 型车钩钩尾销挡板窜出处置
专用工装（主视图）

17 型车钩钩尾销挡板窜出处置
专用工装（左视图）

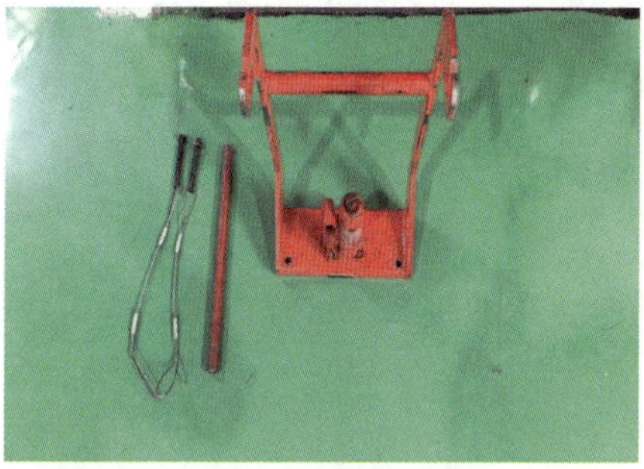

17 型车钩钩尾销挡板窜出处置
专用工装（俯视图）

17 型车钩钩尾销挡板窜出处置
专用工装作业图（一）

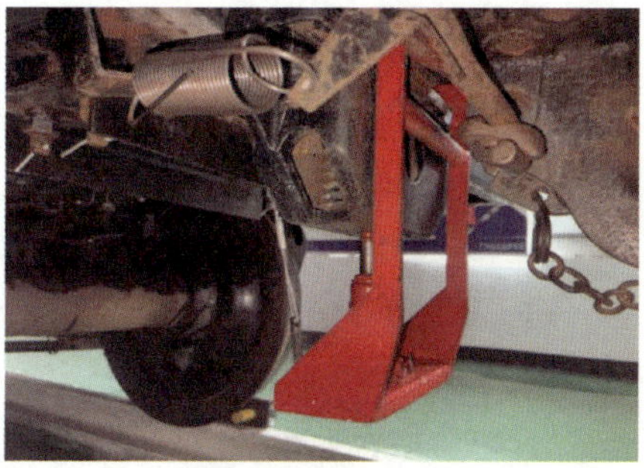

17 型车钩钩尾销挡板窜出处置
专用工装作业图（二）

17 型车钩钩尾销挡板窜出处置
专用工装作业图（三）

攻坚小故事

终于不用扣修了

"陈工,列检现场出现17型车钩钩尾销挡板故障无法取出,用打磨机磨了半个小时也没有效果啊!"在月度会上,大家提出了这个问题。经统计,2021年以来广州北车辆段管内TFDS预报17型车钩钩尾销挡板脱出故障共5 599件,平均每天预报5.2件。现场只能采取扣修或者捆绑的方式,给行车安全和沿线设备设施带来较大的安全风险。

面对这个难题,陈辉辉迅速组织成立了技术攻关小组,对车钩的设计结构、材料、工艺等进行了全面分析。经过反复试验和论证,成功研制出一套17型车钩钩尾销挡板窜出处置专用工装,通过压缩钩体支撑座弹簧,增加钩体上部与冲击座上壁之间的距离,从而取出故障钩尾销挡板。

大家纷纷说:"终于不用扣修了,生产效率又提高了。"

成果视频

便携式铁路货车
主管法兰撑开器

6 便携式铁路货车主管法兰撑开器

成果完成人

陈辉辉

成果完成人简介

陈辉辉，广州北车辆段安全科工程师，曾获火车头奖章、全路技术能手、广铁工匠等荣誉；组织研制了17型车钩钩尾销挡板窜出处置专用工装、便携式铁路货车主管法兰撑开器等十余项技术成果，有效提高现场故障处置效率。

创新成果项目介绍

创新成果简介

便携式铁路货车主管法兰撑开器是一种对铁路货车主管连接部分的法兰进行拆装的专用工具。本工具利用杠杆原理,安全有效地将主管间的法兰撑开,便于现场作业人员进行检查、清洁、安装或更换工作,完成后又能轻松地使法兰复位并重新紧固。本工具优化了操作流程,提高了使用效率,确保了作业过程中的安全性和法兰的精准配合;同时,减少了因车辆故障导致的运输延误和混乱,避免造成耽误列车事故,保障铁路运输生产秩序稳定。故障处置时间由原来的 35 min 缩短至 8 min,降低了作业人员的劳动强度和安全风险。自应用后,每年节省费用 60 多万元。

创新成果背景

近年来,铁路货车车辆出现管系漏泄故障较多,特别是自铁路货车管路风压统一为 600 kPa 以来,列车管系漏泄故障持续增多。目前,列检现场处置主管法兰漏泄故障时,使用的主管法兰撑开器结构组装复杂、组装时间长、占用空间大,操作时现场作业人员劳动强度大、效率较低,不利于列车队中故障应急处置,增加了安全风险,严重影响铁路货车运输秩序。因此,急需一套现场快速处置该故障的专用工具。

创新成果目标/解决的关键问题

一是便携式铁路货车主管法兰撑开器使用先进的设计理念,利用杠杆原理,研制成一体式主管法兰撑开器,操作简便,占用空间小且劳动强度低,提高了故障处置效率。二是有效缓解了因扣临修车带来的解编、调车、货物倒装等对运输组织的影响,进一步保障了铁路货物运输的安全稳定,提升了铁路货运的可靠性和信誉度。

创新成果创新点

通用性:项目成果能适应不同车型铁路货车主管法兰漏泄故障处置。

创新性:携带方便,操作简便,组装时间短,对使用空间要求小。

实用性:设计理念独特,与既有方式相比,现场故障处置效率得到大幅提高,处置时间由原来的 35 min 缩短至 8 min,有效降低了作业人员的劳动强度,易于推广实施。

便携式铁路货车主管法兰撑开器
（主视图）

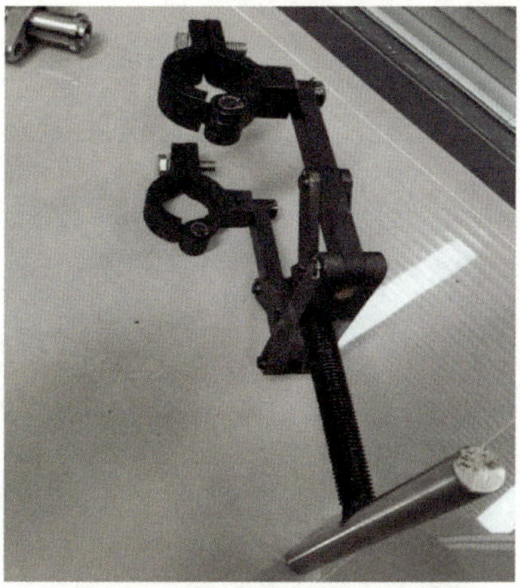

便携式铁路货车主管法兰撑开器
（侧视图）

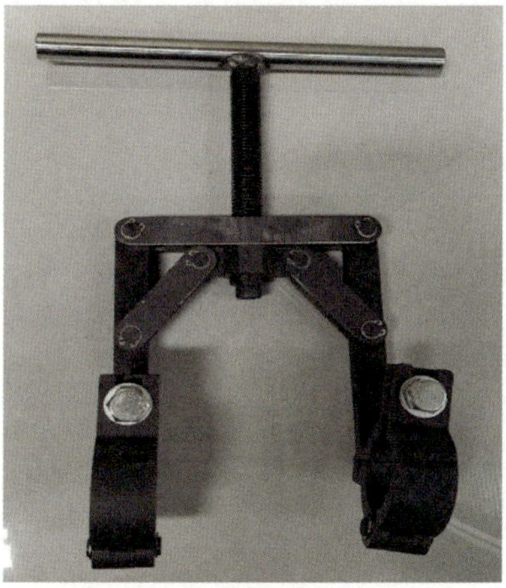

便携式铁路货车主管法兰撑开器
（俯视图）

便携式铁路货车主管法兰撑开器
（斜视图）

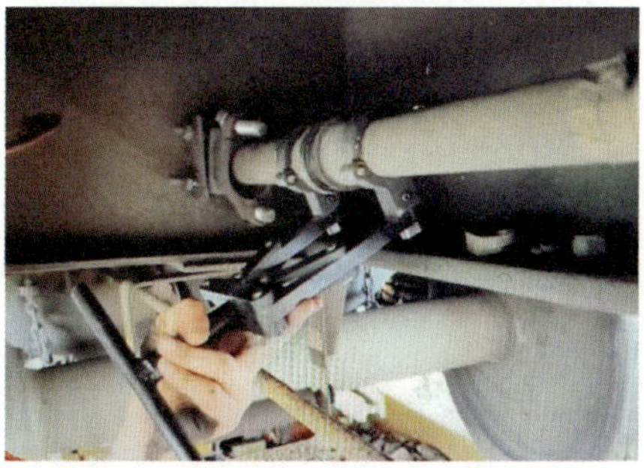

便携式铁路货车主管法兰撑开器
作业图（一）

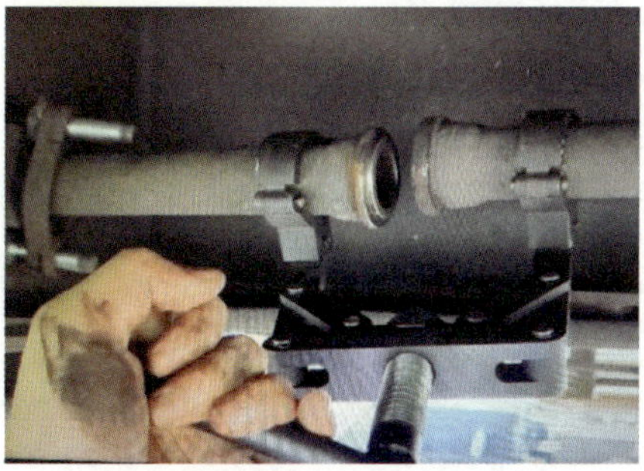

便携式铁路货车主管法兰撑开器
作业图（二）

攻坚小故事

主管法兰撑开器“大瘦身”

“陈工，现在的主管法兰撑开器对现场处理法兰漏泄故障不实用，结构复杂，组装时间长，对空间小的地方发生主管法兰漏泄也不好处理，要是这工具更简便就好了。”现场作业人员在处理法兰漏泄故障时，向陈辉辉反馈现用的主管法兰撑开器存在的问题。

面对这个难题，陈辉辉迅速组织成立了技术攻关小组，经过反复研究论证，将主管法兰撑开器上原来4颗螺栓+2颗销钉减少到2颗螺栓，用螺杆取代长杠杆，其长度由900 mm减小到300 mm，实现了工具体积小、携带方便、操作简便等目标，大大降低了组装时间，完美实现了主管法兰撑开器的“大瘦身”。

成果视频

CR200J-A 型动力集中动车组拖车蓄电池通风帽改造

7 CR200J-A 型动力集中动车组拖车蓄电池通风帽改造

成果完成人

余明敬

成果完成人简介

余明敬，广州车辆段 5T 运用车间客车检车员首席技师，享受政府特殊津贴高技能人才，曾获火车头奖章、广铁工匠等荣誉，其工作室 2022 年被中华全国铁路总工会命名为火车头劳模和工匠人才创新工作室。工作室主要成员共 22 人，1 人获广东省五一劳动奖章，1 人获火车头奖章，2 人获广州局集团公司劳动模范荣誉称号。

创新成果项目介绍

创新成果简介

蓄电池通风口易进灰尘,会引起设备漏电并缩短设备使用寿命。成果完成人自主提出改造,在蓄电池通风帽处增设防护网,实现蓄电池组在使用过程中不影响热量散发的同时能有效阻挡灰尘,达到延长设备检修周期、提升设备使用质量的目的。

创新成果背景

提出本项改造前,大部分检修单位都是缩短蓄电池箱检修周期以保障设备正常运行。大多数客车蓄电池箱都是采用箱体内侧面格栅式通风,蓄电池箱原本安装位置空间狭小,大范围加高通风帽或重新更换蓄电池箱风险大、成本高。成果完成人提出了在通风帽处增设防护网的设备改进思路。

创新成果目标/解决的关键问题

既解决了蓄电池组通风问题,又解决了蓄电池通风口易积尘问题。设备改进后,蓄电池专项修合格率达 100%。

创新成果创新点

创新性:在不影响通风功能情况下,在通风帽处增设防护网。在半环形固定板内嵌入 30 目不锈钢滤网,孔径约为 0.62 mm,通风帽可通过该滤网进行通风及滤尘,弥补了目前国内客车蓄电池箱采用直接顶部散热过滤灰尘技术的不足。

实用性:与既有方式相比,有效降低积尘,同时也解决了 DC 110 V 漏电问题,提升了蓄电池组表面清洁度,大幅度降低了作业强度,有效提高了维修质量,易于推广实施。

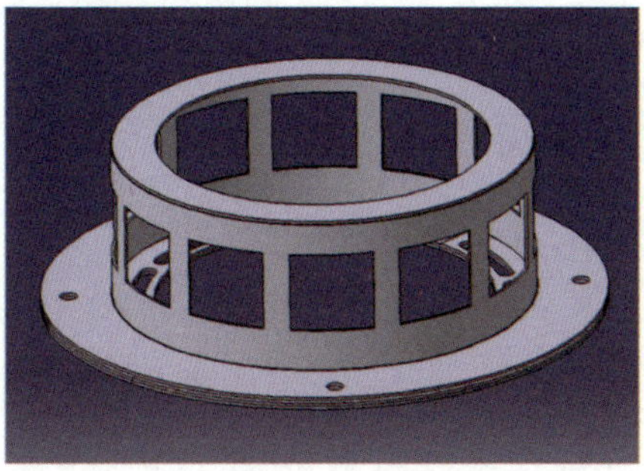

主视图

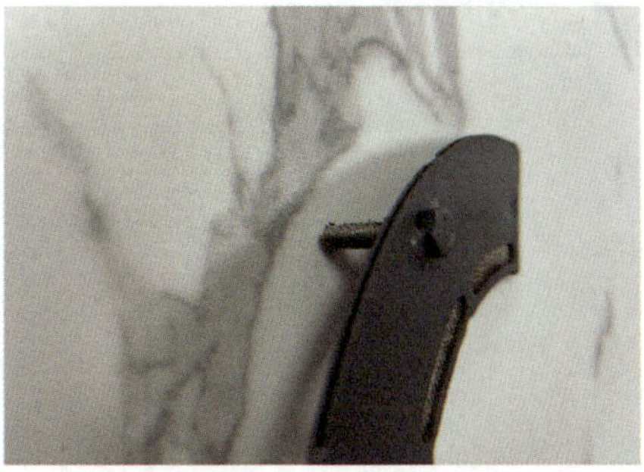

两个半环形底座

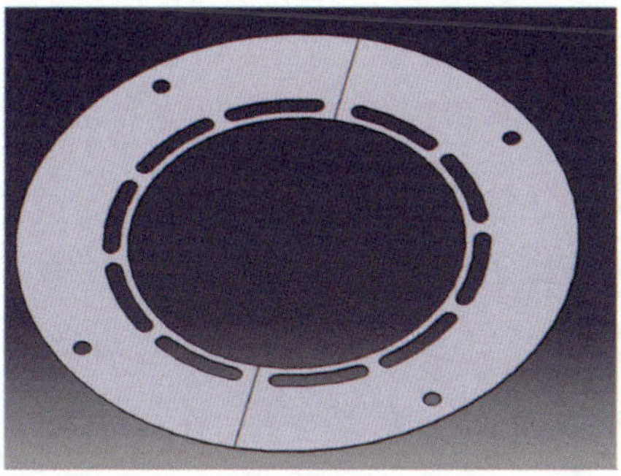

俯视图

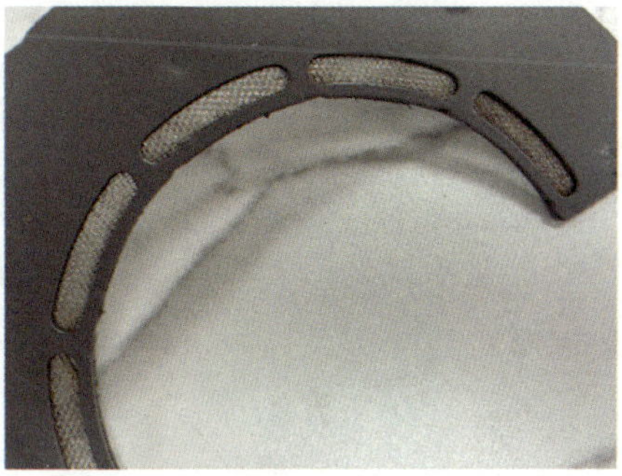

半环形底座滤网

防雨防雪密封胶垫

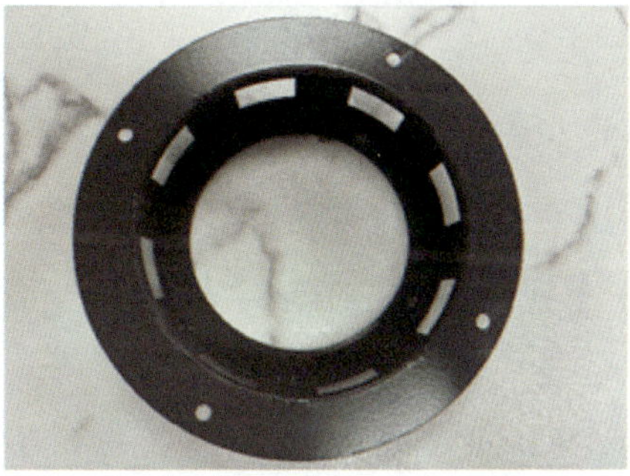

通风帽内侧面

攻坚小故事

给蓄电池箱“穿衣戴帽”

自2019年12月30日广州局集团公司首趟160 km/h动力集中动车组从深圳至北京开行以来，列车发生DC 110 V绝缘不良问题比较突出，班组把该问题向工作室提出，希望有效降低故障率并同步提升蓄电池专项修工作质量。余明敬经过运用分析及排查发现，因蓄电池组积尘引起的故障占比80%，其他设备引起的故障占比20%。

从南方跨越到北方，气候温差问题相当突出，南方地区回南天一般发生在2月至3月的交替季节，这时蓄电池箱内空气湿度接近饱和，箱体壁内会冒水，易造成列车配线及箱体与极柱之间的绝缘值下降，达不到运用客车出库质量标准，故蓄电池箱密封性能要求不能降低。北方地区存在的沙尘暴、柳絮飘扬问题比较突出，列车在运行过程中会将这些颗粒状态沙尘及柳絮卷入蓄电池箱内，长时间积累灰尘、柳絮等杂物，易导致蓄电池组极柱间发生爬电接地现象。

蓄电池在充放电过程中产生大量的热量，需要散发出去以避免蓄电池箱发生爆炸。为达到以上标准，有效降低蓄电池组积尘引发的DC 110 V绝缘不良问题，在减少空气流动并且不影响通风功能的情况下，在通风帽处增设防护网为最优方案。使用固定罩保护通风帽，固定罩通过半环形固定板上焊接的螺栓与半环形固定板结合，通过机械结构，固定于通风帽处。结构易安装，无需额外打孔。在半环形固定板内嵌入30目不锈钢滤网，孔径约0.62 mm，通风帽可通过该滤网进行通风，同时该滤网起到滤尘功能。蓄电池箱戴上这顶特色帽子后，终于解决了现场难题。

成果视频

电热外壳接地检测工具改造

8　电热外壳接地检测工具改造

成果完成人

董　君　张汝波　谢　屿

成果完成人简介

董君，广州车辆段广州库检车间车辆电工高级技师，他牵头完成的车下电源装置自主维修获得全国铁道行业质量管理优秀成果奖。

创新成果项目介绍

创新成果简介

铁路旅客列车客室电热装置外壳可靠接地对防止旅客触电至关重要。电热外壳接地检测工具的改造使电热器在整修后能快速检测外壳是否可靠接地，提高检修效率，确保旅客列车安全正点。

创新成果背景

原有电热外壳接地检测工具由木棍、电线、电胶布等简易拼装而成，设计简陋，整体笨重，约 3 kg；电线易折损，且未规范化，使用过程中操作不便，存在安全隐患。

创新成果目标/解决的关键问题

改造后的工具外形美观，设计精巧，重量轻，仅为 1 kg。参考鱼竿构造增加了收放线轮，导线采用 ϕ1 mm 钢丝绳不锈钢线芯，柔韧性好，抗拉抗折强度远高于普通电线，并增加了声光提示，整体长度约 90 cm。检测时安全方便、快捷准确，且造价低廉，通过规范化设计可复制性强，易推广使用。

增加了收放线轮及声光提示后，一列车的电热外壳检测时间由平均 72 min 缩短至 45 min，使用本工具能有效提高检修效率，有效保障了作业人员检修过程中的劳动安全、客车出库正点及旅客出行安全。原需每月更换一次导线，使用钢丝绳做导线后，多年无需更换导线，使用维护成本仅为更换电池费用。

创新成果创新点

创新性：工具的改造设计参考鱼竿构造，增加了收放线轮，导线参考鱼线采用 ϕ1 mm 钢丝绳不锈钢线芯，柔韧性好，抗拉抗折强度远高于普通电线。

实用性：改造后的工具兼具外形美观和操作方便，维护成本低，且大大缩短了检测时间，为旅客列车安全正点提供了有力保障。

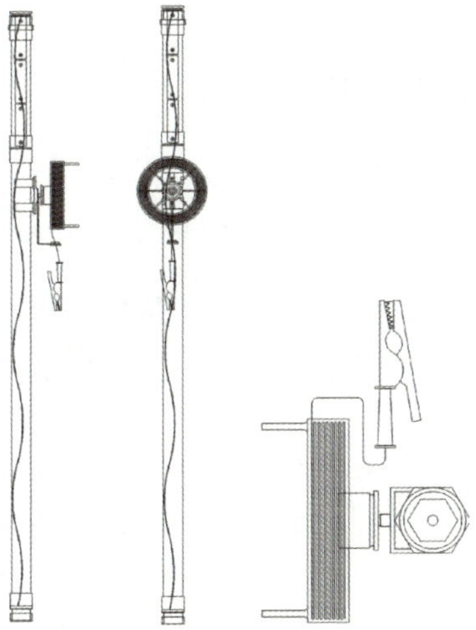

工具三视图

工具外观图

改造前后对比图

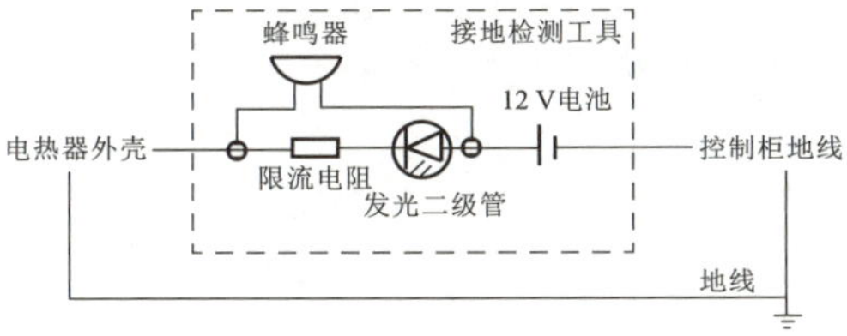

电器原理图

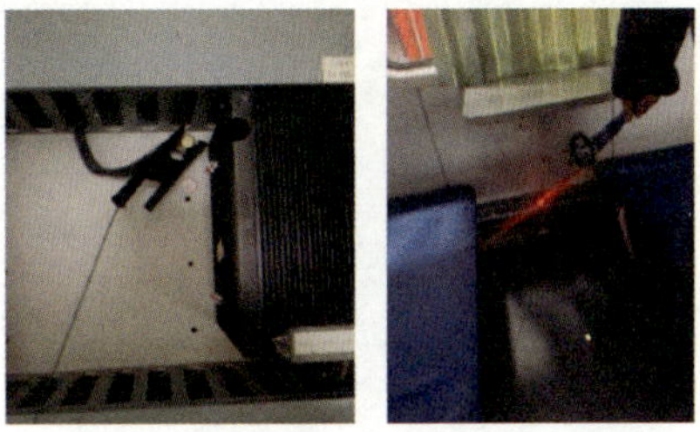

现场操作示意图

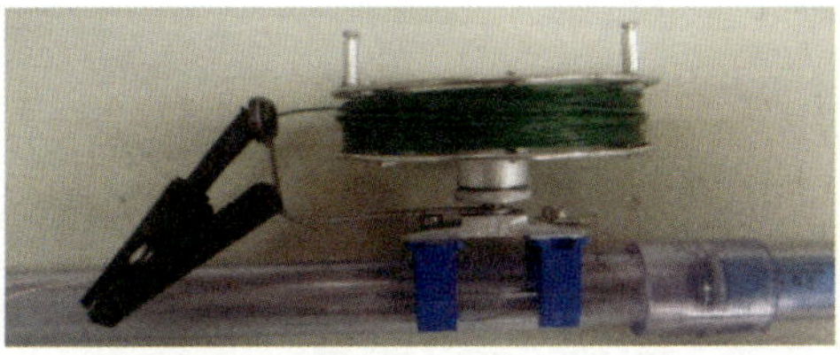

收放线轮、导线及鳄鱼夹（部位图）

发光二极管及蜂鸣器（部位图）

攻坚小故事

轻便高效的检测“神机”

广州库检车间主任张汝波在一次日常现场跟班写实过程中，发现原有的电热外壳接地检测工具仅使用拖把杆缠绕一捆电线进行检测。“看起来就不专业，像原始人干活。”遂组织车间 QC 小组成员讨论工具改造。小组成员董君突然灵光一闪：“我们能不能借鉴一下鱼竿的设计？”

这个想法引起了小组成员的兴趣，他们开始研究鱼竿的结构。经过一番设计和试验，他们成功地在工具上增加了收放线轮，并用 $\phi 1$ mm 钢丝绳不锈钢线芯替代了传统的电线。为了美观，还将外壳改成透明亚克力材质。

这个从鱼竿设计得到的启发，让小组成员深刻体会到：灵感往往来源于生活中的点点滴滴。通过跨领域的思考和借鉴，他们成功打造出了一款轻便高效的检测“神机”。

成果视频

CR400AF 型动车组受电弓具象化培训装置

9 CR400AF 型动车组受电弓具象化培训装置

成果完成人

朱文莹　高延财　洪海洋　张灵彬　罗文贤　崔超强　欧志文　王海棠
王　警　黄志忠　张景明　牛　刚　吴生云　邹国文　樊　荣　王　勇
黄云古　吴广伟　杨邦坤　彭全鑫

成果完成人简介

朱文莹，女，广州动车段职教科高级工程师、副科长，曾获广州局集团公司先进女职工等荣誉。她撰写的《浅谈“小单元、模块化”在职工培训中的应用》获广州局集团公司职教成果一等奖，作为副总教练带领广州动车段选手在 2017 年、2018 年、2020 年和 2022 年连续获得国铁集团职业技能竞赛 7 个团体第一。

创新成果项目介绍

创新成果简介

CR400AF 型动车组受电弓具象化培训装置是通过对动车组高压系统废旧件进行修复再利用，配合自主编程控制，还原实车控制逻辑，以满足高压系统多层次培训的一套专用教学装置。本装置能够实现受电弓故障排查功能，使机械师能够熟练掌握相关检修技能。

在硬件设计方面，优先采用废旧件搭建实物模型，配置相应的电气元器件和人机监控界面，从风路、电路、网络方面设计搭建。

在软件设计方面，通过“以太网+硬线”的方式采集网络信号，控制整个系统的电路。网络控制采用 ModbusTCP 通信协议，选配可编程的网络控制元器件，通过分布式 IO 模块、光耦继电器等解决了输入信息读取、转换和直流信号输出问题。

创新成果背景

广州动车段主要承担京广、广深港、沪昆等二十多条线路动车组的运用检修任务，配属动车组达 549 标准组，其中 CR400AF 型动车组为 176 标准组，占比总车组的 32%。广州动车段现有主要行车工种人员 5 900 余人，其中参与 CR400AF 型动车组运用检修的动车组机械师为 3 600 余人。根据动车组机械师培训规范要求，动车组机械师岗前须开展高压系统理论知识和专业技能培训。为了保证动车组机械师运用检修能力，动车组机械师每年须接受 HMI 屏操作、受电弓功能检测等高压系统项目的适应性培训。但受动车组上线运营和生产组织影响，CR400AF 型动车组高压系统实作演练主要结合日常检修车组开展，缺乏专用培训用车或培训设备，存在培训效果不佳、影响生产进度、车组存在安全隐患等现象。

创新成果目标/解决的关键问题

CR400AF 型动车组高压系统培训装置的成功研制，解决了培训用车难、用车紧的问题，动车组机械师每日实际练习时长均达到了 160 min，进一步缓解了工学矛盾，保障了动车组机械师对 CR400AF 型动车组高压系统的练兵时长，提升了培训效率、培训效益和安全效益。

创新成果创新点

创新性：硬件设计方面，培训装置优先采用经过修复后可满足培训需求的废旧件，包括受电弓、断路器、高压隔离开关、供风控制面板等搭建实物模型；网络控制的整体方案采用 ModbusTCP 通信协议，使用方正 HIM 操作屏进行显示。

价值性：创新程度高，实用价值大，CR400AF 型动车组受电弓具象化培训装置不仅解决了当前实训存在的问题,而且填补了受电弓电气分布、故障现象还原和应急故障处置等高阶培训领域的空白,具有专业技能实训领域的创新性。

实用性:成果具备可复制性,可以平移到其他平台车型,解放更多生产用车,具有良好的全路推广价值。

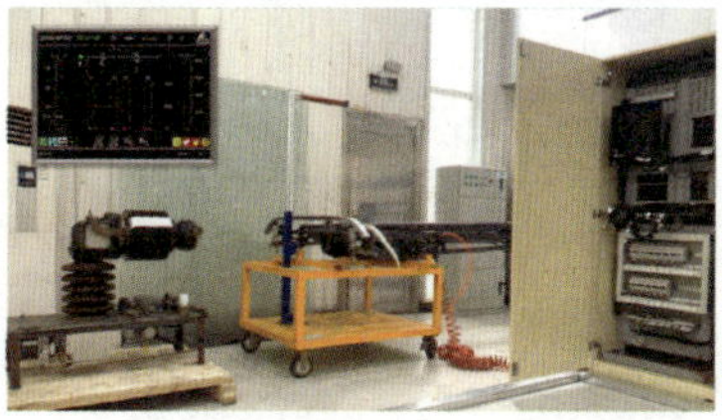

CR400AF 型动车组受电弓具象化培训装置

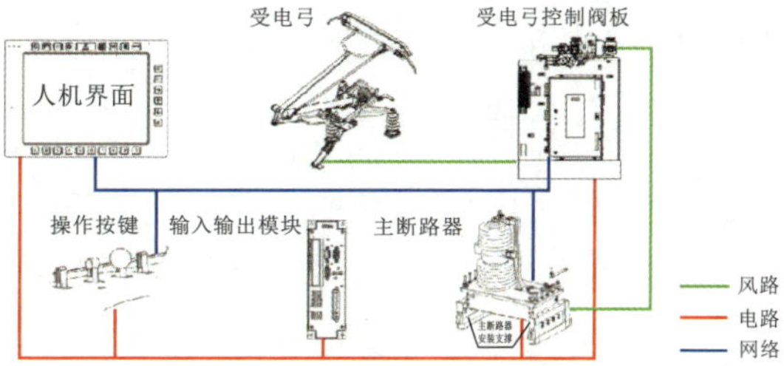

设计图

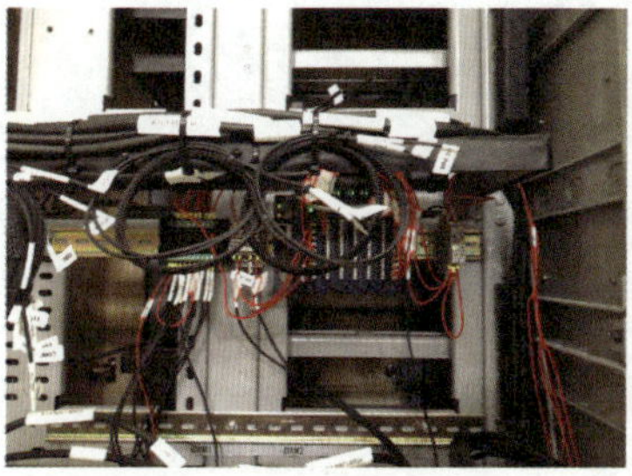

网络模块的整体布置情况

IO 模块、光耦继电器、中间继电器

受电弓控制阀板

受电弓电气控制模拟装置

受电弓控制继电器

受电弓下降过程

攻坚小故事

立足现场，创新攻关，促提生产和培训实效

广州局集团公司作为客运大局，生产运输任务重，无法安排CR400AF型动车组用于培训，培训用车难、高压故障复现难等成为困扰管理人员和职教工作者的难题。为了改变这一现状，广州动车段决定研制高压系统培训装置。负责研制任务的是一支由20人组成的团队，他们是来自不同部门的高级工程师、高级技师等。研发前，团队成员进行了充分的调研和规划，制定了详细的施工方案和时间表。研发过程中，团队成员面临着配件价格高、网络壁垒和故障复现等难题，但他们没有放弃，而是坚持不懈地努力钻研，使用废旧件代替高价件、自编程序代替车组专用网络等，确保满足培训需求和实现故障复现。最终，他们成功研制出了CR400AF型动车组受电弓具象化培训装置，切实提升了生产和培训效益。

成果视频

CRH3 系平台动车组抗侧滚扭杆衬套热装组合工装

10　CRH3 系平台动车组抗侧滚扭杆衬套热装组合工装

成果完成人

伍思维　易　涛　毕　冉　何　奇　朱　磊　李叶鹏　宋石文　邓土林
林　楠　常金明　唐　勇　唐　涛　刘　巧　张赫昀　雷超胜男
蔡晓文　庄昌廉　林　森　杜文杰　洪海洋

成果完成人简介

伍思维，广州动车段检修车间动车组机械师，常金明劳模和工匠人才创新工作室骨干成员。他主持的“CRH3 系平台动车组抗侧滚扭杆衬套热装组合工装”项目将衬套热装合格率提升至 100%，年创效益 25.3 万元，获国家发明专利 3 项。

创新成果项目介绍

创新成果简介

动车组抗侧滚扭杆属于走行部部件，抗侧滚扭杆一直采取下架维修的方式进行衬套热装作业。本项目自主研发抗侧滚扭杆衬套热装组合工装，实现衬套100%同轴热装，在相同作业条件下，检修合格率由60%提升至100%；每列动车组检修工时缩短89%，节约检修成本4 000元。仅在广州局集团公司广州动车段内应用成果形成的节支为25.3万元/年。项目成果可减少因衬套热装失败导致的衬套材料浪费及检修待工，助力动车组走行部高质量检修出库。

创新成果背景

全国铁路行业暂无CRH3系平台动车组抗侧滚扭杆衬套热装相关检修工装的使用，属于空白状态。抗侧滚扭杆衬套热装作业失败率极高，现场缺乏机械化热装作业工艺及相关技术，且相关供货厂家不提供衬套信息及尺寸规格，现场衬套热装作业难、合格率低等问题亟待解决。

创新成果目标/解决的关键问题

解决了无法保证同轴度导致抗侧滚扭杆衬套热装作业频繁失败的难题；破解了衬套尺寸规格标准、衬套加热温降过快、无电式机械微调等技术难题，实现衬套100%同轴热装。项目实施后，热装合格率明显高于原有作业模式，作业班次及人员配置均较原来大幅降低。

创新成果创新点

创新性：一是完全自主设计研发，采用无电式机械微调技术完成同轴热装，其中最核心的结构为弹簧顶珠，它实现了衬套热装时的机械自动微调，采用摇臂锁紧相关机构完成工装定位与锁紧，采用限位垫片机构实现热装尺寸达标。二是项目成果创新程度高，实用价值大，填补了全国铁路动车组行业在抗侧滚扭杆衬套热装检修方面的空白，实现了行业领先。

及时性：动车组运行时间久，因动车组走行部需要长期进行分解维修，抗侧滚扭杆故障数量多，热装作业量大，对于项目成果需求高。

实用性：一是可通用于CRH3平台动车组抗侧滚扭杆衬套热装作业，通用性强，集成化程度较高，操作便捷、易上手。二是项目成果具有易于实施、重量轻、体积小、操作简单、安全稳定、无漏电风险等优点，便于推广使用。

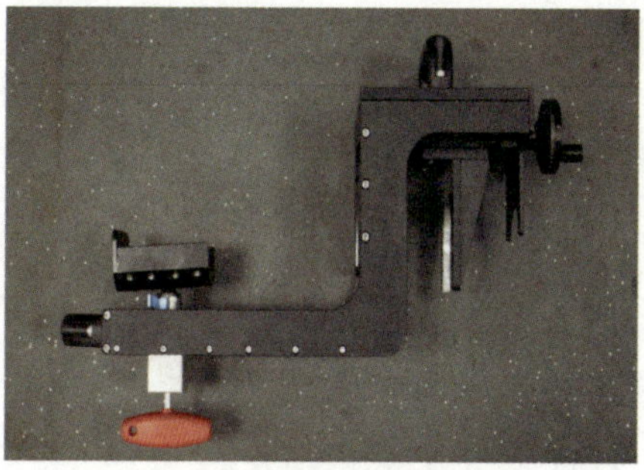

衬套热装工装（正视图）

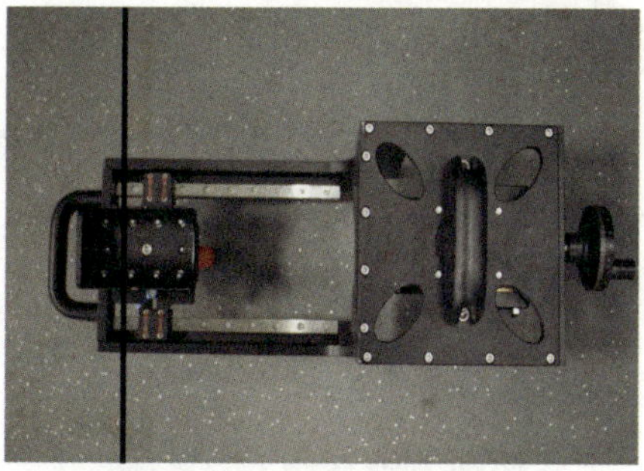

衬套热装工装（俯视图）

衬套热装工装（侧视图）

衬套热装工装实际应用图（一）

衬套热装工装实际应用图（二）

攻坚小故事

全力攻坚，让衬套热装不再返工

“这组车的衬套热装失败了8个，返工又要5个小时。”转向架车间工班长何奇说道。

看着班组反馈过来的信息，伍思维琢磨着怎么才能解决热装合格率低的问题。他知道：衬套热装失败既导致了作业返工增多，又浪费了材料，这一难题长期困扰着现场职工。经过头脑风暴后，伍思维决定组织一支团队，研究一套全新的工装。从机械结构设计开始，到导出工程图、数控加工，再到装配验证，一个小小的尺寸调整，就需要团队成员群策群力，重新修改出图，一次修改往往需要2~3周时间。最终，攻关团队将成品工装投入转向架车间使用。检修班组职工激动地说道：“终于有更好的作业方式了！”

工装投入使用后，现场反馈热装合格率提升至100%，再也不怕热装失败返工了！

成果视频

动车组水增压
单元装配工装

11 动车组水增压单元装配工装

成果完成人

阳　凯　常金明　刘亚平　廖　琨　洪海洋　杨少军　周　庆　郭　嵘
郑玉强　谢松柏　朱　磊　唐　勇　李广威　张晓敏　孙天铭　杨　森
庄昌廉　余　欢　左树明　周　文

成果完成人简介

阳凯，广州动车段检修车间动车组机械师技师、工长，常金明劳模和工匠人才创新工作室骨干成员，曾获广铁技术能手等荣誉。他主持的“动车组水增压单元装配工装”项目将检修效率提高了1倍，年平均节约成本227万元。

创新成果项目介绍

创新成果简介

动车组水增压单元属于水系统中非常重要的部件，其性能和可靠性直接关系到旅客的乘车体验，但广州动车段水增压单元一直以来无法维修，且水增压单元采购单价高，故障率在水系统故障中占比较大。本项目通过自主研发水增压单元内膜快捷更换装置，实现了水增压单元快速维修并再次投入生产使用，节约生产成本的同时还提高了检修效率。在同时间成本下，检修效率提高了 1 倍。单个水增压单元降低维修成本 85.4%，仅在广州局集团公司广州动车段内应用成果形成的节支为 227 万元/年。项目成果可减少因水增压单元待料导致的动车组卫生间无法使用，切实提升旅客乘车体验。

创新成果背景

目前全国铁路行业暂无水增压单元相关维修设备使用，属于空白状态。因此，故障水增压单元想要再次维修使用，却无相关维修设备进行维修。

创新成果目标/解决的关键问题

解决了水增压单元因橡胶膜破损导致水增压单元无法使用的难题；破解了水增压单元内膜更换、外壳组装、弹簧更换等技术难题，实现故障水增压单元的二次利用；性能明显优于同类维修设备产品，95 s 即可完成对水增压单元的内膜更换和外壳组装，实现从“无法维修”到“快速维修”的突破。

创新成果创新点

创新性：一是完全自主设计研发，采用垂直对位液压方案完成上下外壳对位，采用三方水平旋转螺杆方案完成卡箍定位与压紧，采用模块化设计思路，将各功能部件设计成可独立更换的模块，实现了单人快速安全的完成水增压单元的拆解与压装。二是项目成果创新程度高，实用价值大，填补了全国铁路动车行业对于水增压单元维修设备的空白，实现了行业领先。

及时性：对于动车组行业，水增压单元故障数量多，对项目成果需求高。

实用性：一是通用性强，集成化较高，可用于各型动车组水增压单元。二是项目成果具有易于实施、便于组装、体积小巧、操作简单、安全稳定、无风险等特点，在设计理念、技术实现和性能优越等方面都展现出显著的创新性。

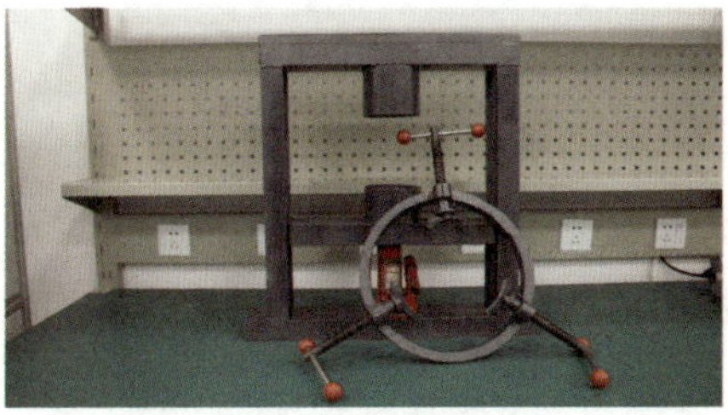

水增压单元装配工装（正视图）

水增压单元装配工装（侧视图）

水增压单元装配工装（俯视图）

水增压单元装配工装实际应用图

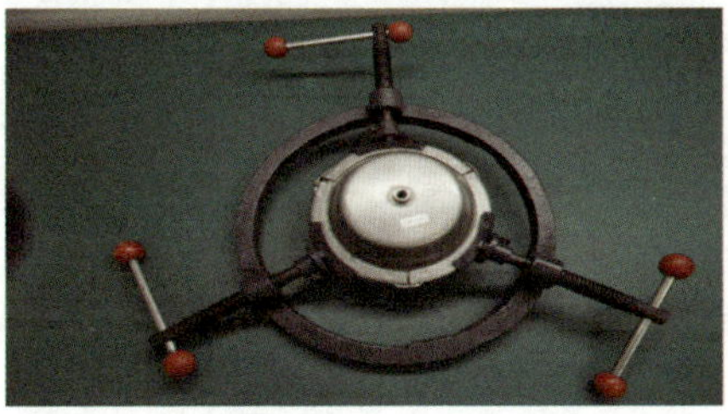

装配工装刚性卡箍压紧图

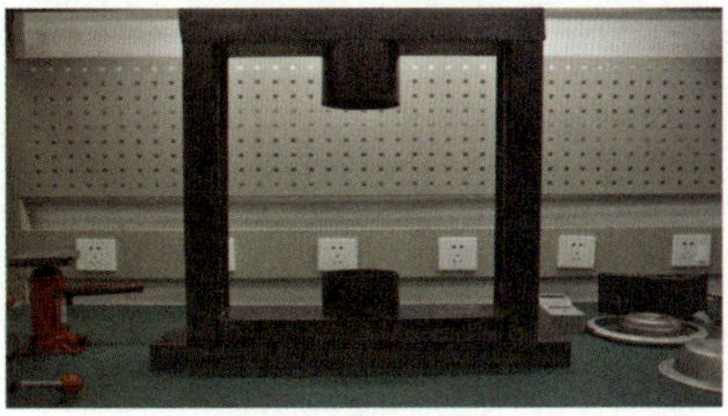

装配工装框架图

攻坚小故事

水增压单元的“焕”新之路

在广州动车段的繁忙日常中，给水系统作为衡量旅客服务质量的重要设施，其每一个细节都牵动着无数人的心。如果动车组卫生间的水增压单元频繁遭遇漏水、漏气、水压小等故障，种种故障如同不速之客，会给列车的舒适运行蒙上一层阴影。

面对这一挑战，尤其是当得知水增压单元采购单价达七千多元，且故障率一直居高不下，工作室成员迅速响应，立即开展调研。阳凯发现这些故障中很大部分是由于内部橡胶膜破损所致，要想从根本上解决问题，就必须从橡胶膜的更换工艺下手。于是他们利用自己丰富的专业知识和创新思维，经过多次的设计修改与试验验证，终于成功研发出一套高效、精准的工装。这套工装不仅大幅提升了维修效率，还确保了维修质量，为旅客的舒适出行保驾护航。

成果视频

复兴号 CR400AF
动车组开水炉电控箱
智能控制试验台

12 复兴号 CR400AF 动车组开水炉电控箱智能控制试验台

成果完成人

张伟东　林益生　胡维杰　费晓平　吴　杰　李晓东　张星光
钟小强　麦建树　何秉恒　徐运强　何　健　胡科科

成果完成人简介

张伟东，广州动车段检修车间动车组机械师技师，林益生劳模和工匠人才创新工作室骨干成员。他获得段持续改进奖项 29 项，累计维修动车组配件产值超 1 500 万元。

创新成果项目介绍

创新成果简介

根据复兴号动车组开水炉电路逻辑及水位控制原理，通过现场调研和组织配件维修攻关小组对工作原理进行深入探讨，利用现有资源和采购材料，运用 PLC 与触摸屏控制技术，通过自主编程设计制作了一套复兴号动车组开水炉智能控制试验台。攻关前，开水炉电控箱修复后无法确认功能状态，需安装到动车组上反复测试。试验台研制成功后，可实现电控箱在维修台位维修、测试，功能测试完成即可使用，极大提高了检修效率（复兴号动车组开水炉电控箱要下车检修，故障件的检修效率提高 60%）。目前已修复 29 台电控箱，维修产值 17.6 万元。通过本试验台，不仅在开水炉检修作业中可实现精准判断故障、高效维修，还解决了传统开水炉控制箱修复完成后要上车测试的检修过程繁琐问题。

创新成果背景

开水炉电控箱需要委外修，耗时长，无法有效降低成本及解决缺料带来的困扰。攻关团队根据复兴号动车组自主检修能力建设要求及开水炉电控箱工作原理，利用触摸屏及 PLC 控制技术研制一套满足复兴号动车组开水炉电控箱功能的试验台，解决电控箱维修、测试效率低下的难题。

创新成果目标/解决的关键问题

解决了复兴号动车组开水炉电控箱无智能检测设备的难题，通过本试验台，实现对复兴号动车组开水炉的相关功能测试，不仅在开水炉检修作业中可实现精准判断故障、高效维修，还解决了传统开水炉控制箱修复完成后要安装到车上才能测试的检修过程繁琐问题。

创新成果创新点

运用 PLC 与触摸屏控制技术，通过自主编程设计制作了一套复兴号开水炉智能控制试验台。本试验台主要由 PLC、触摸屏、温度传感器、水位传感器、数显表、继电器及保护元器件等组成。本试验台不但能模拟复兴号开水炉的全部工作状态，还能直观的显示加热器温度变化、功率变化和超温保护，实现检查参数可视化，具备故障诊断、故障复位等功能。传统开水炉电控箱修复后无法确认功能状态，需安装到动车组上反复测试。试验台研制成功后，自主维修、检测完成即可安装使用，极大提高了检修效率。

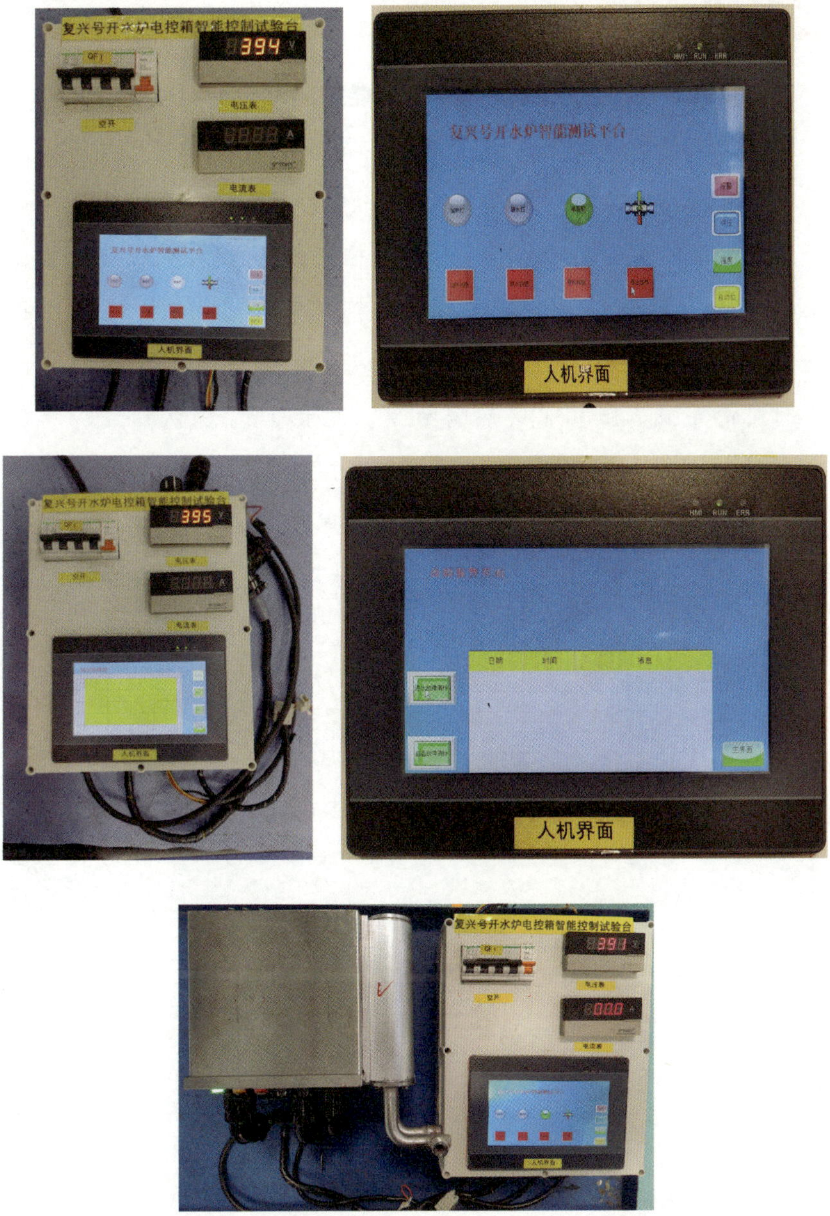

复兴号 CR400AF 动车组开水炉电控箱智能控制试验台

攻坚小故事

复兴号动车组开水炉电控箱智能控制试验台诞生记

“哎,这批复兴号动车组开水炉电控箱还没送回来啊?我们现场都不够用了。”胡维杰看着眼前坏掉的一堆电控箱在那里发牢骚。近期高级修过程中复兴号动车组开水炉电控箱故障居高不下,委外修途径单一,维修周期长,常常出现电控箱缺料的情况,十分影响动车组正常检修效率。“要不我们自己做一个吧,将技术掌握在自己手里,总比跟着别人受气强。”张伟东突然嘀咕道。说干就干,团队通过现场调研,开展复兴号 CR400AF 动车组开水炉电控箱智能控制试验台、维修工艺、维修技能等研制攻关,研制出智能化电控箱控制台,实现该车型开水炉故障自主维修,极大地提升了复兴号动车组开水炉的故障检修效率。

成果视频

数显式电源
插座检测工装

13　数显式电源插座检测工装

成果完成人

谢松柏　常金明　廖　琨　洪海洋　阳　凯　郑玉强　杨大顺　周　庆
杨少军　唐　勇　朱　磊　郭　嵘　吴广伟　高延财　杨丰志　吴永丰
余　欢　崔超强　刘筱雪　杨　超

成果完成人简介

谢松柏，广州动车段检修车间动车组机械师技师。近三年，他共主持、参与持续改进攻关项目 14 项，获国家实用新型专利 3 项，参与编写的《FDM-3D 技术的动车组真空集便防堵截流装置》论文获广东省铁道学会一等奖。

创新成果项目介绍

创新成果简介

插座属于动车组旅客服务系统中非常重要的一个部件，目前广州动车段对于插座充电插口电压及插拔力的集成化检查工具一直处于空白状态，缺少对插座整体性能全面检测的设备。本项目通过自主研发数显式电源插座检测工装，实现了对插座充电孔电压及插拔力集成化检测、数字化显示。在同时间成本下，提高检修效率90%；仅在广州局集团公司广州动车段内应用成果形成的人力成本节支为100万元/年。本工装可以对插座整体进行检查，减少因插座故障导致的事故，提升插座的可用性，提高旅客服务质量。

创新成果背景

经调研，国内外目前暂无便携式、集成化的数显式电源插座检测工装，属于空白状态。对于插座充电孔是否存在电压、充电孔内部的插拔力是否紧固等问题，有相关的检测标准，但无相关集成便携式检测设备。

创新成果目标/解决的关键问题

解决了插座充电孔无法同时测量电压与插拔力的难题，提高了检测精度和检测效率，破解了同时对插座充电孔电压和插拔力集成化、数字化显示等技术难题；性能高度集成，明显优于同类产品，且小巧轻便、方便携带；仅需3 s即可完成对插座电压及插拔力的检查，极大地缩短了作业时间，同时增强了安全性。

创新成果创新点

创新性：一是完全自主设计研发，采用先进的整体化、集成化、数字显示设计，检测结果更加直观、准确，解决了传统检测设备检测功能单一的问题；在安全性设计上，本工装外壳采用绝缘性能良好的材料制作，自主设计，优化内部空间，利用率高，真正实现了一机多用。二是项目成果创新程度高，实用价值大，填补了国内对插座充电孔状态检测设备的空白，实现标准状态量化，有利于实现行业领先。

及时性：对于电气部件，主要需要体现出快速响应、实时显示，目前插座充电孔状态不一，急需整体进行检测，对于项目成果需求高。本工装可用于两孔、三孔插座检测。

实用性：一是通用性强，集成化较高、测量精准、数字化显示。二是项目成果易于实施、便于组装、体积小巧、操作简单、安全稳定、无风险，便于推广使用。

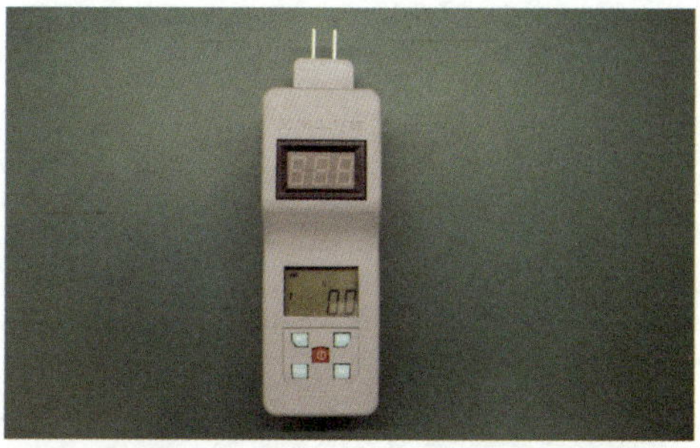

工装正视图

工装俯视图

工装侧视图

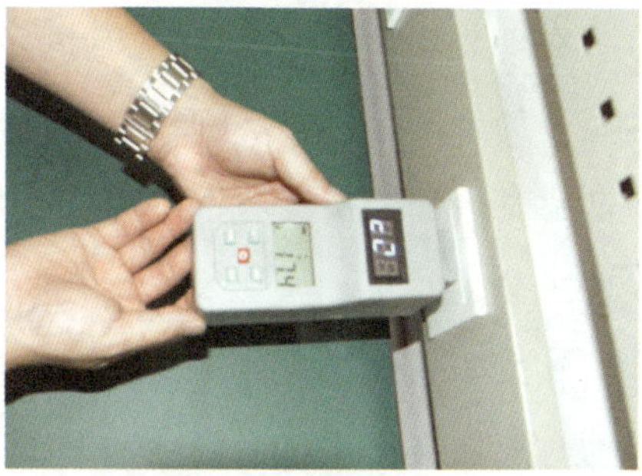

工装应用图

测量插座拔取力图

攻坚小故事

数显式电源插座检测工装显"身手"

动车组上的每一个细节都关乎乘客的舒适度,若动车组上的电源插座频繁出现故障,会导致乘客的投诉不断。为了解决这一问题,工作室深入研究电源插座的工作原理和常见故障模式,最终设计出了该款检测工装。该工装集成了多种测试功能,大大提高了检测效率,节省了大量时间和成本。

在工装的设计过程中,也遇到了许多挑战,比如需确保工装能适应各型号的动车组,同时还要保证其操作的简便性和安全性。最终经过团队成员多次的试验和改进,终于成功研制出了这款检测功能高度集成的工装。

该工装正式投入使用后,迅速展现出了其强大的能力,只需短短几秒即可完成对插座所有功能的检测,乘客们对动车组上的电源插座也重新恢复了信心。

成果视频

车下电源通信
数据读取装置

14　车下电源通信数据读取装置

成果完成人

周　肖　谭　鑫　陈文彬　刘　羽

成果完成人简介

周肖，广州铁道车辆有限公司空调电气车间电力工技师，曾获国铁集团车辆电工技能竞赛全能第九名并获广铁技术能手称号等荣誉。

创新成果项目介绍

创新成果简介

车下电源通信数据读取装置采用便携式锂电池供电方式，在检修过程中出现通信故障时，可以对逆变器、充电机、网关等通信故障查找和检测，同时可以直接查看车下电源的内部状态，为排查其他故障提供依据。本装置也可以嵌入板件检修试验台，用以查找和判断电路板故障等。

创新成果背景

段修时客车 DC 600 V 电源装置网络通信故障排查现状：一是采用传统排除法判断故障点，操作繁琐，作业效率低；二是 DC 600 V 电源装置生产厂家较多，且各厂家通信协议均存在差异，排查故障需常备各类型控制板、网关等配件，导致成本增加。为提高通信故障查找效率，降低检修成本，确保生产及时性，制定了本攻关项目。

创新成果目标/解决的关键问题

创新成果目标：研制一款兼容性强、性能稳定、使用便捷、方便携带且带中文显示的车下电源通信数据读取装置。

解决的关键问题：一是采用国外 Arduino 开源平台和自制全隔离 RS-485 模块开发，采用 Arduino IDE 编程，采用 1602 显示模块；二是采用 KeiluVision5 软件编程，采用 12864LCD 屏幕显示，程序内置部分中文字库，可呈现友好的人机界面；三是采用 EDA 软件设计 PCB，保留 PCB 源码可进行后期修改与更新；四是实现装置轻量化，利于作业携带；五是节省工作时间，提高工作效率。

创新成果创新点

新颖性：一是通过示波器解析了车下电源 RS-485 通信协议；二是内置自研 RS-485 模块的供电电源与通信采用双隔离方式，并具有发送、接收的流向自动控制，同时将单片机全双工串口转换为半双工 RS-485；三是装置在开机时可检测网关发送问询帧的数量，并能自动识别接入线路的通信方式作为判断依据。

实用性：小型化、便携式设计，简单易操作，劳动效率提高了 4 倍以上。2023 年，广州铁道车辆有限公司检修 DC 600 V 客车 602 辆，其中 DC 600 V 电源装置通信故障 68 件，以往平均每件故障需要 2 个人 1 h 才能完成排查，合计 2 h/件，现在只需要 1 个人 15 min 即可完成。

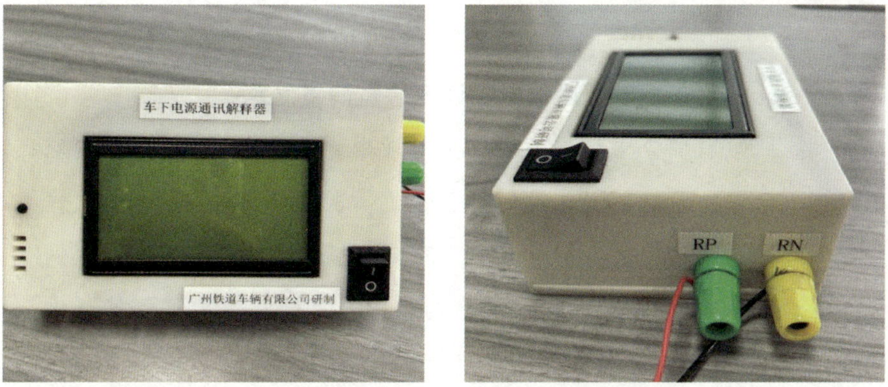

外观

电路 PCB

攻坚小故事

车下电源通信数据读取装置研发之路

“徐师傅,我们今天检修的车辆又有被电池干扰信号的问题,读取不到车下电源的通信数据。我们采用传统排除法判断故障点,但这作业效率太低了!我们能不能研发一个便携式锂电池供电的车下电源通信数据读取装置?”在检修库内,周肖向徐德昌反馈检修中遇到的棘手问题。据了解,车下电源系统的稳定性和可靠性是保障车辆安全运行的关键因素之一。但车下环境复杂多变,电磁干扰严重,不同车型之间的通信协议也存在差异,使得车下电源通信数据读取装置的研发和应用面临诸多挑战。周肖第一时间组织了攻关团队,大家都认认真真的开始研究车下电源电路原理,经过数月的努力,便携式锂电池供电的车下电源通信数据读取装置诞生了。“在研发的过程中我们也遇到过很多困难,但都被我们解决了。看到检修效率提升了很多,我心里的责任感与自豪感油然而生。多亏有这样团队!”周肖说道。

成果视频

漏电试验电阻箱

15　漏电试验电阻箱

成果完成人

卢道纯　王建钟

成果完成人简介

卢道纯，广州铁道车辆有限公司客车厂修装配车间车辆电工高级技师，卢道纯劳模和工匠人才创新工作室带头人，曾获火车头奖章、广铁工匠等荣誉。近年来，其工作室共培养了高级技师 1 人，技师 16 人，共完成生产工装改造等 36 项成果，解决了多项生产难题。

创新成果项目介绍

创新成果简介

漏电试验电阻箱是为厂修客车漏电试验而制作的工装。漏电试验电阻箱将所有漏电试验所需的电阻等元器件集成一体，通过开关闭合可精准选择所需的电阻。本设备解决了因客车车型不同、漏电试验种类过多而造成试验电阻用错的问题，实现了各种车型、各种漏电试验均只需使用一个工装的轻量化目标，便于作业携带，节省工作时间，大大提高了试验工作效率。

创新成果背景

车间客车漏电报警试验方式现状：一是操作繁琐，作业效率低，如 DC 110 V 漏电试验，要接中点电阻，又要接可调电阻到电柜相应接线端子上，试完正线漏电后又要重新接线试负线漏电，费时费力。二是作业时存在安全隐患。试验电阻通过导线连接，再接到相应的接线端子上，悬挂在接线端子上的试验电阻容易与旁边线路发生短路；DC 110 V 试验带电调节漏电电流、DC 600 V 干线绝缘试验要带电切换试验电阻，易造成作业者触电事故。三是 AC 380 V 供电客车交流漏电试验时，原车设计只能试验漏电动作和指示，不能观察到漏电动作电流值，存在漏电电流未达到或超过规定值漏电保护装置就已动作的风险。如此不仅影响正常生产，还无法保证检修质量。

创新成果目标/解决的关键问题

一是实现工装集成一体化，能够解决试验电阻易用错的问题。二是实现工装轻量化，便于作业携带及节省工作时间，提高了工作效率。三是能够快速、直观、安全地进行客车漏电功能试验，准确模拟客车发生真实漏电时漏电保护装置能否正常动作的情况。

创新成果创新点

创新性：综合性、一体化设计，适应了多种厂修客车车型试验要求，满足了《铁路客车电气装置检修规则》（TG/CL 209—2022）漏电报警保护功能试验工艺要求。提高了厂修客车漏电试验效率，保障了试验作业安全，保证了客车的检修质量，为顺利完成生产任务提供了工艺装备的有力支撑，为旅客的舒适出行提供了安全保障。

实用性：小型化、便携式设计，简单易操作，劳动效率提高了一倍以上；强化漏电保护等功能，确保了作业安全性；增加漏电电流显示功能，提高了试验精准度。

漏电试验电阻箱制作过程

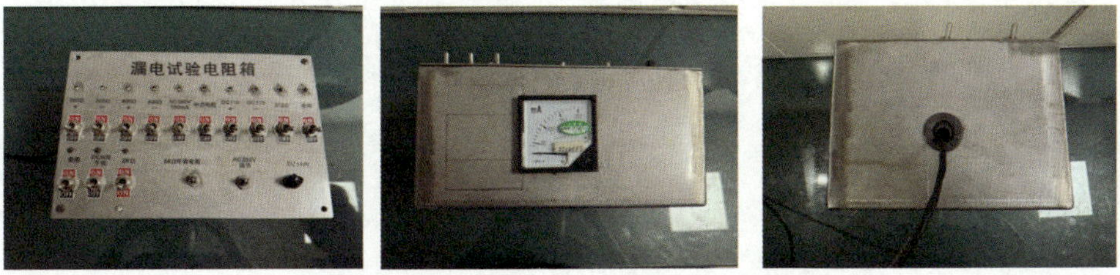

漏电试验电阻箱（主视图、左视图、俯视图）

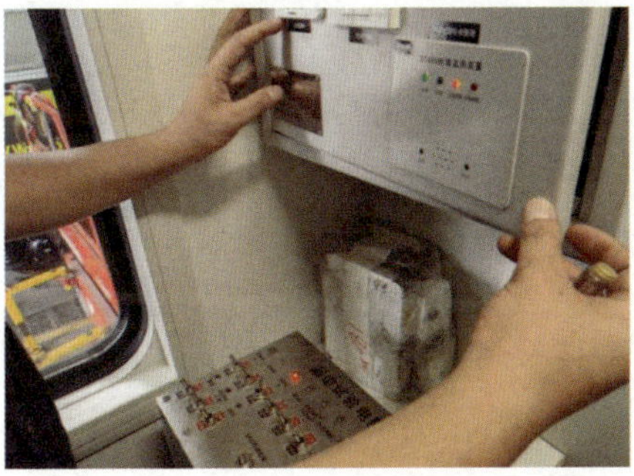

使用漏电试验电阻箱开展绝缘监测装置试验

攻坚小故事

漏电试验电阻箱的由来

“钟哥,我们检修的厂修客车车型越来越多,一种车型用一种电阻,干活非常不方便,而且AC 380 V供电客车在线绝缘装置模拟漏电的时候也不能直观看到实际的漏电电流值,能不能做个工装?”在试验作业现场,作业人员周汉彬向班长王建钟反映问题。

作为劳模和工匠人才创新工作室的骨干,王建钟马上与工作室负责人卢道纯汇报。“问题就是创新的源泉!车型越来越多,必须上一体化工装!”卢道纯一接到创新的活儿,眼里就发光。他马上组织工作室团队开会,大家一起认真分析各种车型的试验参数和要求,由王建钟牵头设计图纸,周汉彬、王玉林、刘如祥分头准备各型号的元器件,着手制作工装。

创新总会遇到挑战。如何集合当前所有车型,还要适应后续新扩展的车型?如何做到安全、精准、可视化?如何做到集成、简洁、便携?工作室团队一次次地修改设计,不厌其烦地重做工装,用了一个多月的工余时间,一台通用、便携、安全可靠的一体化工装终于诞生了!

成果视频

CrewMate-360
检测装置

16 CrewMate-360 检测装置

成果完成人

付 淞 赵纯琼 姜 成 唐 辉 张栩宁 周 俊 黄 健 潘奕龙
沈嘉俊 肖小平 赵子木

成果完成人简介

付淞，长沙车辆段长沙西动车运用所助理工程师，曾获广州局集团公司春运宣传先进个人等荣誉。他参与研发长沙车辆段乘务工作管理系统，个人发表《高铁乘务作业智能化信息系统的设计与探讨》等论文。

创新成果项目介绍

创新成果简介

CrewMate-360 检测装置是随车机械师钻车底检查的便携式工装设备。解决了动车组故障时,随车机械师钻车底检查的安全性,确保了故障复核检查的全面性。在日常使用过程中,本装置实现了在动车组车底狭小空间作业,无死角全方位的快速查看,并实时传输视频画面,大大提升了故障检查的效率和质量;同时缩短了应急处置时间,有效降低了突发故障对运输秩序的影响,保障动车组安全正点运行。

创新成果背景

为解决随车机械师在钻车底检查作业过程中由于身体条件、作业环境、视觉盲区带来的人身安全问题,制作一套替代随车机械师钻入车底的工装设备具有重要意义。

创新成果目标/解决的关键问题

当采用 CrewMate-360 检测装置后,随车机械师在执行动车组车底检查作业时面临的四个主要痛点可以得到显著改善。

解决空间限制:使用 CrewMate-360 检测装置,即使是在狭小的空间内,随车机械师也能更灵活地进行检查。本装置包括可伸缩、可调节的设计,使得随车机械师可以在不同高度和角度下轻松检查部件,从而减少因空间限制而带来的不便。

提升时间效率:通过使用 CrewMate-360 检测装置,随车机械师无需频繁地从车的一侧绕行到另一侧,因为本装置具备远程监控功能和全方位视角的能力,允许随车机械师在原地完成对车身两侧的检查,大大节省了时间和体力。

保障劳动安全:本装置采用了非接触式检查技术,减少了随车机械师直接接触转向架尖锐部件的机会,降低了作业中的物理伤害风险,从而提高了劳动安全性。

增强工作效率:CrewMate-360 检测装置配备了可视化工具和技术,如高清内窥摄像头和补光灯,能够提供全方位无死角的视角,使随车机械师能够实时观察到所有需要检查的部件状态,不再需要事后回放确认,从而提高了检查的效率和准确性。

综上所述,CrewMate-360 装置的应用不仅优化了随车机械师的工作环境,提升了工作效率,同时也确保了更高的作业安全标准。

创新成果创新点

创新性:项目成果技术上有一定难度,在目前广州局集团公司管内其他动车运用所未有此类工装设备,有助于实现随车机械师岗位作业标准提升;创新性采用工业级内窥镜+拓展作业杆相结合的方式,数据精准可靠,简单易操作。

实用性：与现在人为检查方式相比，从安全性出发，基于小型化、便携式、模块化设计，操作简单，易于推广实施。

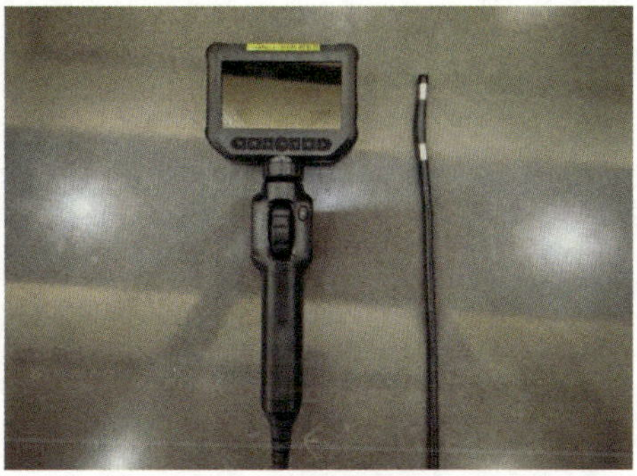
CrewMate-360 检测装置（正视图）

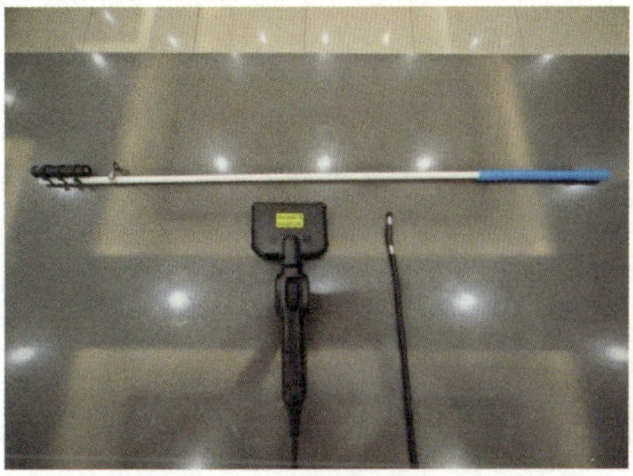
CrewMate-360 检测装置（俯视图）

CrewMate-360 检测装置（侧视图）

CrewMate-360 检测装置内窥镜模块

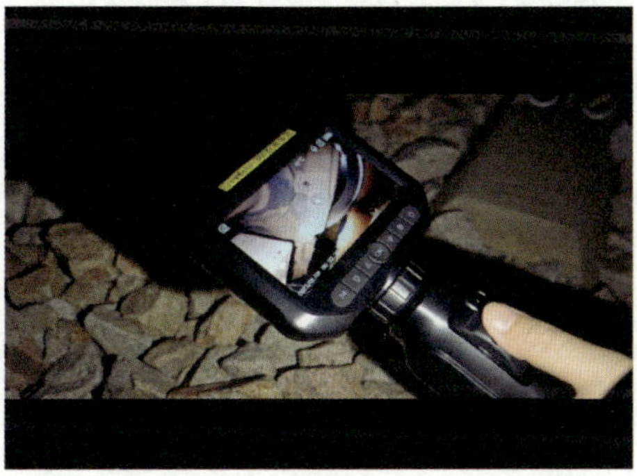
CrewMate-360 检测装置显示屏界面

CrewMate-360 检测装置现场作业图

攻坚小故事

随车机械师的第三只“眼”

在高速奔驰的动车组背后，有一群默默奉献的铁路人，他们为了确保动车组的安全运行和随车机械师的人身安全，展开了一场关于动车组故障时，随车机械师钻车底检查作业方式优化的攻坚之战。

助理工程师付淞和他的攻关小组负责 CrewMate-360 检测装置的设计与升级。这个装置就如同随车机械师的眼睛，能够全方位地检查车下故障的部件设施。任何一个小故障都可能影响到整个列车的安全。“付工，用现在这个 CrewMate-360 检测装置可以实时看到准确的故障照片、很直观，而且能拍摄视频，非常好用。我们每次下车钻车底检查，再也不用匍匐磕头检查了，还能迅速地将照片和视频传给应急指挥中心。”在 CrewMate-360 检测装置进行现场试用后，随车机械师向付淞反馈道。

付淞听到这个充满称赞和期盼的反馈意见后，心里既高兴又有点担忧。如果现在推出这个 CrewMate-360 检测装置，今后在使用过程中，职工肯定还会有改进需求。怎么办？攻关小组立刻开展讨论和分析，从故障检查的全面、完整角度出发，并综合考虑了车辆另一侧设备的检查需求，不断探索最优方案。最终确定给 CrewMate-360 检测装置定制一套便携式拓展作业杆，便携式拓展作业杆由高强度 PVC 管、补光电筒、可调节夹箍、防滑手柄组成，可在各种作业场景下全方位检查到动车组车底转向架的各故障部件。

成果视频

统型驱动板测试仪

17　统型驱动板测试仪

成果完成人

苗盛东　金万桃　赵书涵　于　昊　刘　昊

成果完成人简介

苗盛东，长沙车辆段检修车间车辆电工，刘昊劳模和工匠人才创新工作室骨干成员，曾获广州局集团公司青年岗位能手、春运立功竞赛优秀个人等荣誉。

创新成果项目介绍

创新成果简介

统型驱动板测试仪适用于对统型车下电源驱动板进行检测维修，解决了原来板件“盲修”时查找故障点难的问题，能更快锁定故障点，同时实现 24 V 弱电带电模拟检测，在检测过程中避免了高压触电风险，保障了作业人员的人身安全。2023年工作室共检测并修复统型驱动板 26 块，长沙车辆段共节省 43 万元。

创新成果背景

车下电源作为动客车电源转换装置，对动客车电气负载平稳运行有着举足轻重的作用。相较于最初的非统型车下电源，统型车下电源具有稳定性强、不同厂家配件可以通用等特点。随着长沙车辆段配属的统型车下电源数量和使用年限逐步增加，统型车下电源装置故障也慢慢增加，车下电源检修难度和工作量逐年加大。车下电源驱动板不但是车下电源内关键部件，也是长沙车辆段“修旧利废”攻关项目中的重点。但在以往的维修过程中，存在查找故障点难、没有做到强弱电分离等问题。为方便查找板卡故障并对其进行针对性修复，工作室决定对统型驱动板维修进行攻关，使板卡维修效率和质量更上一个台阶。

创新成果目标 / 解决的关键问题

一是解决既有统型驱动板“盲修”时故障查找难的问题，实现精准化故障查找。二是避免作业人员带电检查时高压触电等风险，保障作业人员人身安全。三是对既有检测方式进行改进，提高检测效率，降低维修人员劳动强度。

创新成果创新点

新颖性：统型驱动板测试仪是工作室自主设计研制，较以往的驱动板维修模式有了本质上的改进。

创新性：通过变压器提供模拟信号，实现了仅有 24 V 弱电带电模拟检测，避免了高压触电风险，保障了作业人员的人身安全；同时完成驱动板从“盲修”到快速准确查找故障点的转变，大幅提高维修人员的工作效率。

实用性：有了本测试仪后，维修人员不再需要将驱动板安装到车下电源模块进行检测，节省了驱动板反复拆装的时间，降低了维修人员的劳动强度。

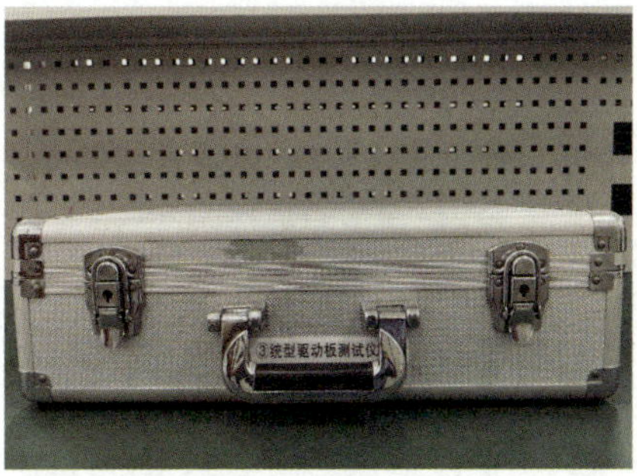

统型驱动板测试仪（主视图）

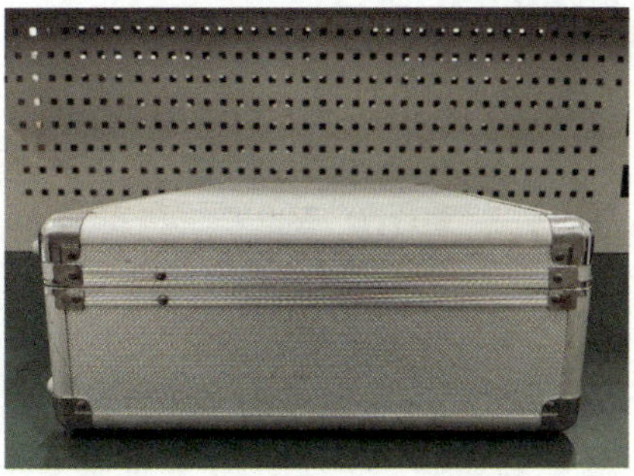

统型驱动板测试仪（左视图）

统型驱动板测试仪（俯视图）

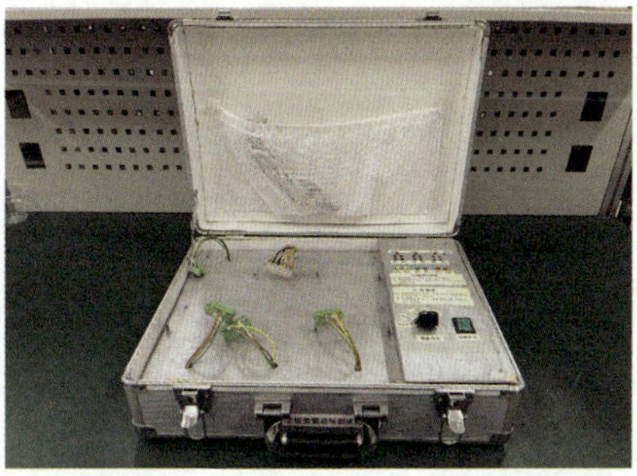

统型驱动板测试仪内部（主视图）

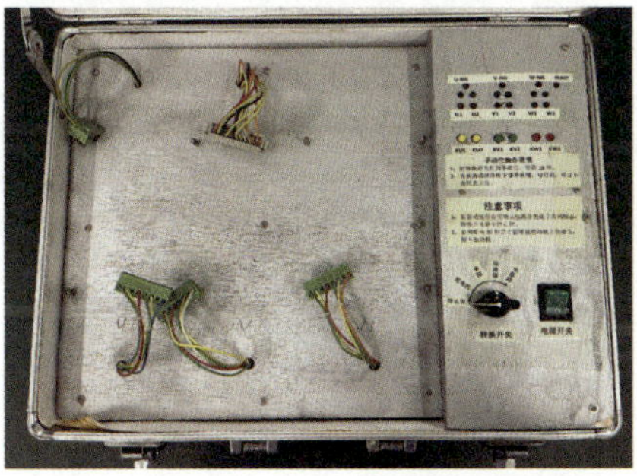

统型驱动板测试仪内部（俯视图）

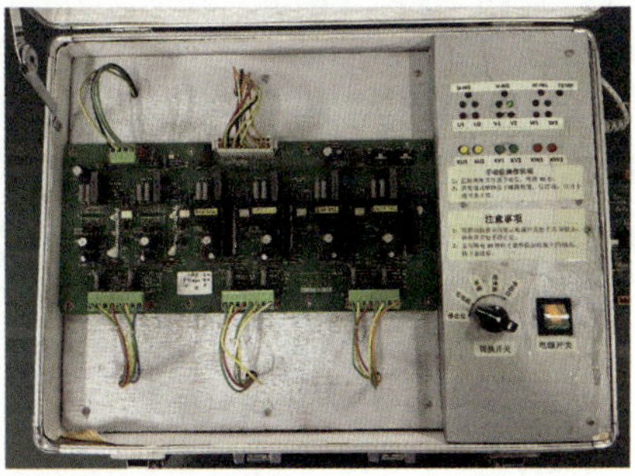

统型驱动板测试仪测试良好板卡

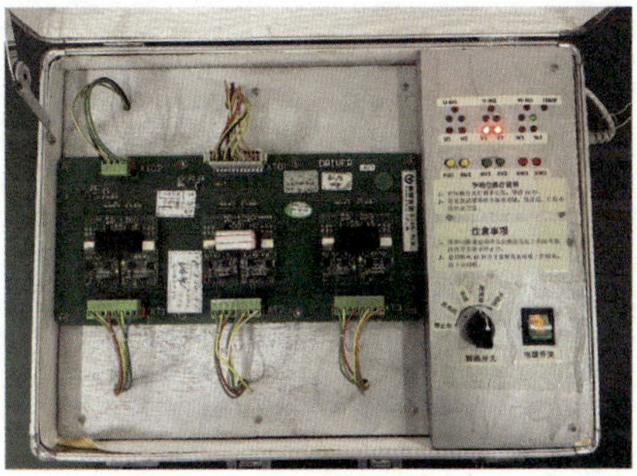

统型驱动板测试仪测试故障板卡

攻坚小故事

让板件检测化“烦”为“减”

“又是报‘07’故障，驱动板跟IGBT又要都换掉了，真烦人。”在车下电源检修过程中，“07”故障是一个“老大难”。检修人员在现场作业时因无法精准判断是驱动板故障还是IGBT故障，通常需要将几个相关板件都换掉，相当繁琐。同时在对驱动板进行检测时，需要对其供电，此过程中伴随着高压触电、短路等风险。作业人员虽小心翼翼，精力高度集中，有时还是会出差错。工作室在了解现状后，决定针对驱动板检测进行攻关，开发一款可以便捷检测驱动板好坏的测试仪。

工作室团队对驱动板各接插头信号进行分析，模拟其正常工作状态，群策群力，终于成功研制出统型驱动板测试仪。在使用测试仪后，作业人员对该设备赞不绝口：“有了这个测试仪，我们可以直观地判断统型驱动板的好坏，不再需要对各个元器件逐一更换，减轻了劳动强度；同时操作时仅会接触DC 24 V及以下电源，不用再担心高压触电等风险，减轻了心理压力，真正做到了化‘烦’为‘减’！”

成果视频

车轴、轮对多功能吊具

18 车轴、轮对多功能吊具

成果完成人

刘戈灵　周　文　巩宏应

成果完成人简介

刘戈灵，株洲车辆段株洲轮轴车间工程师，曾参与“株洲车辆段迁建工程”项目的编制申报立项工作，参与旋轮机、磨床、运轴机械手等设备的安全防护机构设计。

创新成果项目介绍

创新成果简介

车轴、轮对多功能吊具由一个挂环、一条Q450钢材质铸造的横梁、两条同材质挂钩以及两侧使用螺母固定长150 mm的尼龙挡板组成，吊具强度可承重2 t，可进行车轴、预压装轮对和压装轮对等三种工况的吊运，适用于铁路行业轮轴检修作业。本设备解决了现场生产困难，可实现两台压装机同时压装，提高了轮对压装合格率，解决了使用吊带吊运过程中造成车轮偏压的质量问题和安全问题。

经济效益：每日轮对压装量从44对提高到56对，轮对压装效率提高27%；选配区间从0.03 mm拓宽到0.06 mm，日选配量从46对提高到60对，选配效率提高30%；自吊具应用后，2023年较2022年减少了40.7%的偏压、吨大等压装不合格情况，提高了轮对压装合格率。

社会效益：弥补了现有吊具不适用吊运预压装轮对的不足，可推广到全路轮轴检修车间使用；消除吊带吊运作业安全风险，减轻了劳动作业强度。

创新成果背景

行业内现有的吊具在吊运过程中存在安全风险和质量隐患：一是吊运时两侧吊带会直接挤压车轮，导致偏压；二是因预压装压力较小、吊带与轴颈接触面较小等问题，存在轮对掉落伤人风险；三是吊具功能单一，不能适应多种工况的吊运。

株洲车辆段轮轴车间泰格压装机于2022年12月投入使用，但未配备预压装单元，要使用吊具将预压好的轮对吊运至泰格压装机进行压装，因此车间急需一个可满足两台压装机同时压装、可对多种工况进行吊运的多功能吊具。

创新成果目标/解决的关键问题

2022年12月设计制作车轴、轮对多功能吊具，2023年1月正式投入使用，一直到泰格预压装单元的建成使用，使用车轴、轮对多功能吊具共压装轮对4 800对，压装合格率99.7%，满足了车轴、预压装后车轴车轮结合体和压装后轮对的多种工况吊运需求，同时解决了使用吊带吊运预压装好的轮对过程中造成车轮偏压的质量问题和安全问题。

创新成果创新点

车轴、轮对多功能吊具综合现有吊具的功能和优点，在不换吊具的情况下可进行多种工况的吊运，改善了吊带、轮饼钳、轮对挂钩等现有吊具吊运导致的轮对偏压和存在的安全风险；结合现有吊具的功能，两侧增加挡板，既保证了作业安全，又提高了压装的效率和合格率。

攻坚小故事

轮轴“吊具”诞生记

在株洲车辆段轮轴车间，工程师刘戈灵正面对着一个棘手的生产难题：现有吊具不能满足多种工况的吊运需求，存在严重的安全风险。他深知这个问题的严重性，决定亲自深入现场，寻找突破口。经过反复观察和思考，统计压装不合格数据，他发现传统吊具在吊运过程中会导致轮对偏压，甚至有掉落伤人的风险。这让他深感不安，决定要进行创新设计。

同事好奇地问：“你打算怎么解决这个问题？”

他回答说：“我计划结合现有吊具的功能，改进吊带、轮饼钳、轮对挂钩等吊具存在的不足，增加两侧挡板，确保作业安全的同时提高压装效率。”

经过反复试验和改进，他成功设计出一款多功能吊具。这款吊具不仅解决了现场生产困难，还提高了轮对压装合格率，减少了偏压问题的发生。

他的创新成果得到了广范认可，在2023年株洲车辆段第一届职工“五小”创新成果大赛上获得一等奖，为全段创新创效立标打样。

成果视频

大型养路机械
电气系统教具

19　大型养路机械电气系统教具

成果完成人

邓雄杰　钟传志　旷海军

成果完成人简介

邓雄杰，广州大机段设备检修车间大型养路机械司机高级技师，曾获火车头奖章、全路技术能手、铁路工匠等荣誉，其工作室2019年被广东省总工会命名为邓雄杰劳模和工匠人才创新工作室。

创新成果项目介绍

创新成果简介

大型养路机械电气系统教具适用于大型养路机械运行司机和作业司机，解决了大型养路机械司机在日常业务学习和技能培训中没有实物展示的问题。本教具新颖、直观，将复杂难理解的电气原理简单明了地展示在学员面前。

创新成果背景

大型养路机械通过机械、液压、电气、气动、程控等各系统紧密配合，完成铁路线路(道岔)清筛、捣固、稳定、钢轨打磨、探伤等作业。目前全国铁路大型养路机械行业针对电气系统中电气元件工作原理专门教具处于空白状态，急需特定功能的教具解决培训教学过程中遇到的困难。

创新成果目标/解决的关键问题

解决了大型养路机械电气系统培训过程中，学员认识符号代表的元件及各元件工作原理难的问题；弥补了全国铁路大型养路机械行业无电气系统专门教具的不足。

创新成果创新点

新颖性：本教具是一种直观教学用具。

实用性：本教具通过动作可以直观了解传感器工作原理和工作过程，显著加快学员培训速度与效率；实物教学便于讲授。

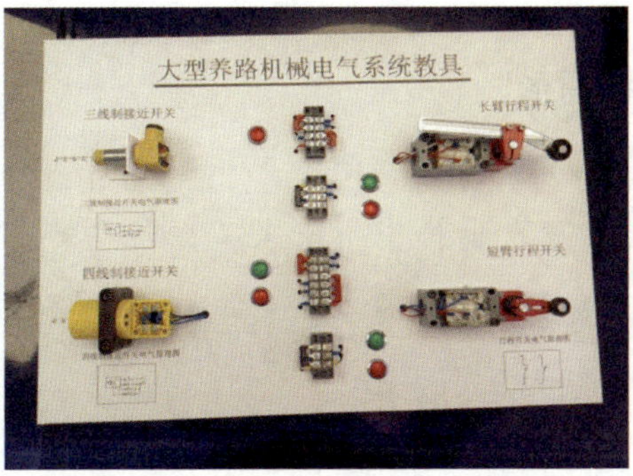

大型养路机械电气系统教具主视图

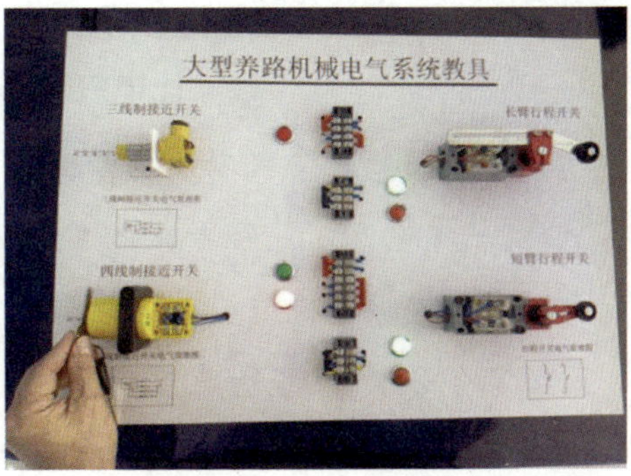

四线制接近开关行程测量

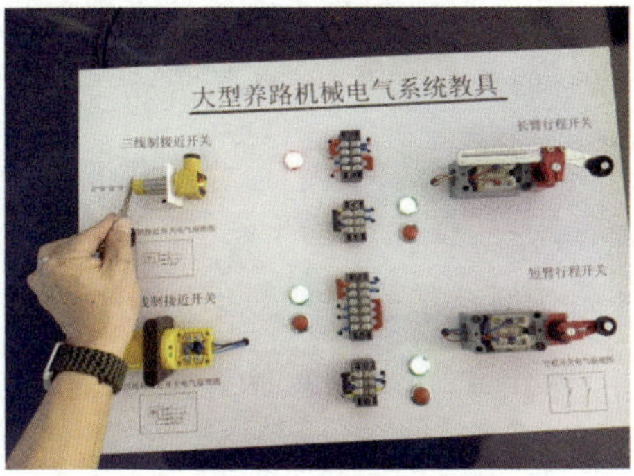

三线制接近开关行程测量

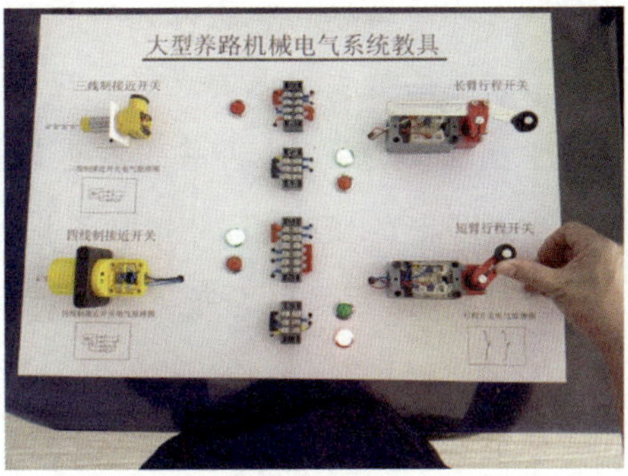

短臂行程开关操作

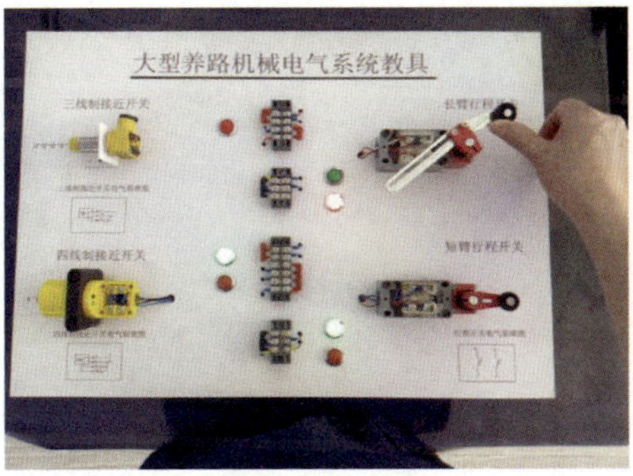

长臂行程开关操作

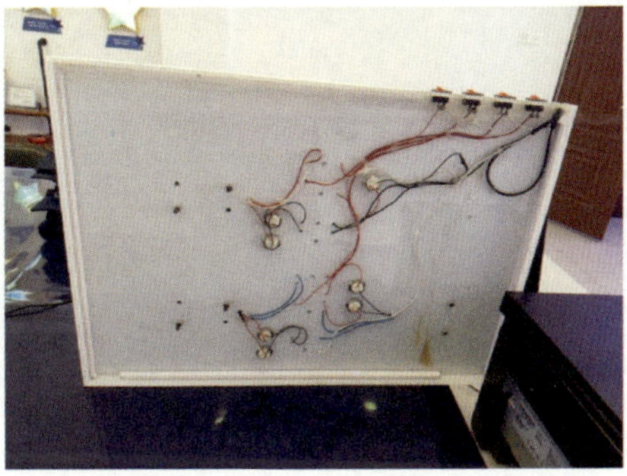

大型养路机械电气系统教具背面接线

攻坚小故事

让电气系统现“原形”

“邓老师,这个电路图纸分析好复杂,上面线路密密麻麻跟看天书一样,一堆电气元件符号根本看不懂,故障点也排查不出来。”每年在大型养路机械司机技能业务培训课上,很多学员总是在反馈电气系统图纸不会分析,课程听不懂,拿着一张图纸无从下手。

邓雄杰在听完学员的学习心得交流后,也一直在思考这个问题,电气系统课程究竟应该怎样去教?怎样才能让学员听懂?带着这两个问题在与工作室成员的多次探讨中,渐渐萌发了用创新教学设备去改变空洞的拿图纸去授课的思路。应该制作新的教学工具,让电气系统在课堂上现“原形”,让天书变成可以触摸的实物。带着这个目的,工作室经过不断的试验摸索,截取了长臂行程开关、短臂行程开关、三线制接近开关、四线制接近开关等四种电气元件制作了新教具。与大型养路机械相比,几十米长的设备浓缩到一个操作盘上,让学员能直观地感受电气系统的操作和线路分析,教学效果有了明显提升。

成果视频

铁路工务防护
体系模拟训练盘

20　铁路工务防护体系模拟训练盘

成果完成人

邓雄杰　钟传志　旷海军　唐振中

成果完成人简介

邓雄杰，广州大机段设备检修车间大型养路机械司机高级技师，曾获火车头奖章、全路技术能手、铁路工匠等荣誉，其工作室 2019 年被广东省总工会命名为邓雄杰劳模和工匠人才创新工作室。

创新成果项目介绍

创新成果简介

将铁路工务防护体系常见的四种施工场景用铁路线路平面图形式固化在平面沙盘上,在培训教学、岗位练兵、实物考评过程中,可由教员将施工地点放置在线路或道岔任意区段,学员依据《铁路技术管理规程》的规定,将各信号牌、防护牌按规定距离、位置、朝向等设置好。以《防护体系沙盘模拟使用手册》为辅助,教员可以依据其点评学员,学员也可以在模拟练习或岗位练兵时自行检查,能快速提升防护人员岗位技能水平。训练盘的投入使用,让考核不再需要线路,节省了大量天窗时间,培训人员不再需要到铁路线路培训,极大地降低了安全风险。

创新成果背景

防护员业务技能水平不高是造成防护体系失效的重要原因。目前铁路工务防护员防护体系业务技能培训、岗位练兵、实作考评、业务抽考等都是在纸上画防护布置图,可称之为"纸上谈兵",效果较差。目前全国铁路工务行业没有一套实用、实效、实际的铁路工务防护体系培训系统,因此开发实用、实效、实际的防护教具,培养一批真正掌握并能熟练建立防护体系的防护员势在必行。

创新成果目标/解决的关键问题

一是解决了现有防护员对铁路工务防护体系整体认知不全面、业务技能素质不高、只能从事单项防护工作的问题。二是解决了防护体系培训过程中对图讲解、不直观生动、培训效果差等问题。三是解决了岗位练兵采用口述或手工画图形式,达不到真正练兵目的问题。四是通过《防护体系沙盘模拟使用手册》的对照检查功能,解决了防护员不能判断防护是否设置正确的问题。

创新成果创新点

铁路工务防护体系模拟训练盘填补了目前行业空白,为"四员一长"、"2+1"高职定向生、铁路线路工日常学习、实作考评、岗位练兵提供了全场景各施工模式的沙盘模拟操作,直观生动,有强烈的现场感和实际作业代入感。

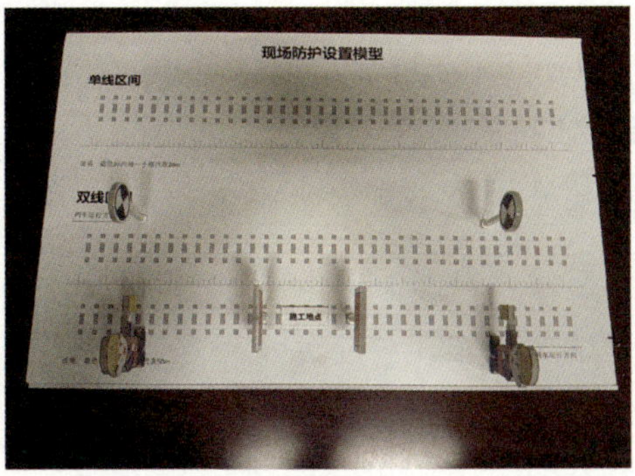

区间线路施工防护场景

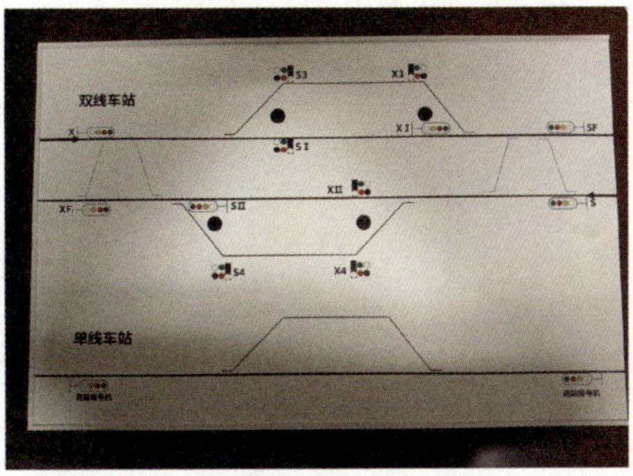

车站线路施工防护场景

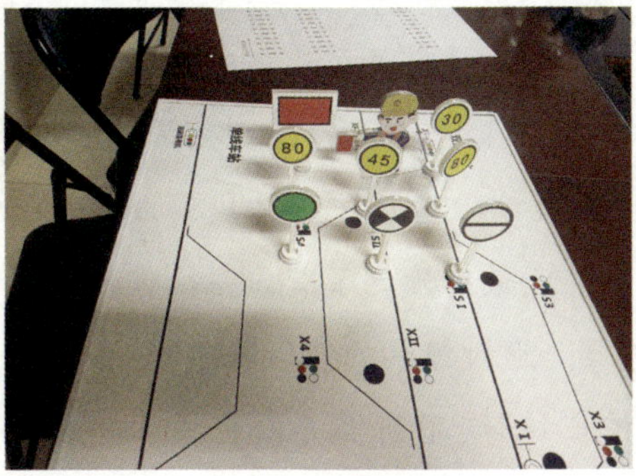

标牌、标志效果展示

《防护体系沙盘模拟使用手册》封面

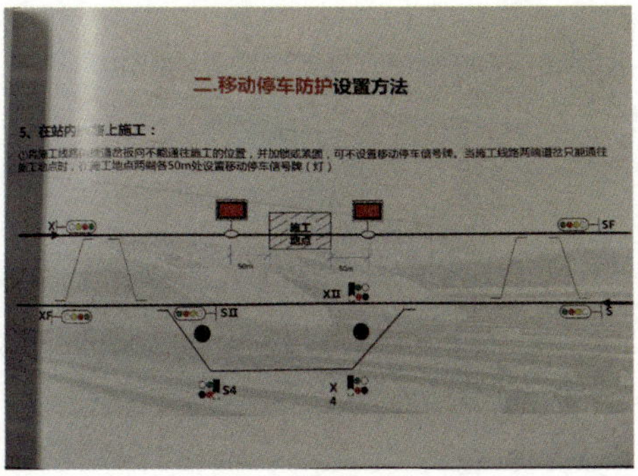

《防护体系沙盘模拟使用手册》中
“移动停车防护”

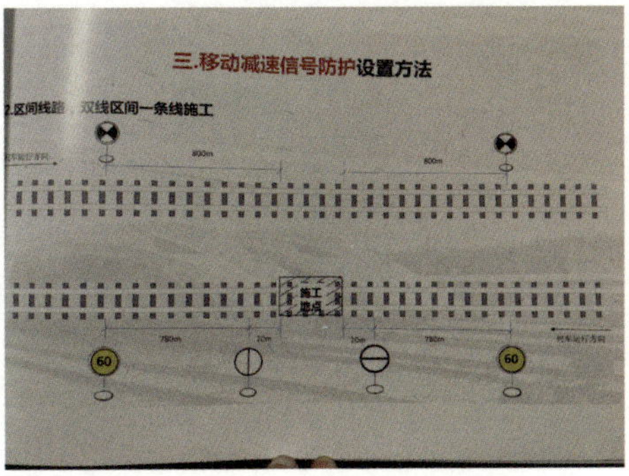

《防护体系沙盘模拟使用手册》中
“移动减速信号防护”

攻坚小故事

让防护回归“安全”特质

“邓老师，我现在每天都胆战心惊，这是我这个月在株洲枢纽施工第三次发现防护员插错防护牌了，现在我每天都得先去检查一遍才能安心，根本顾不上其他地方安全卡控。”清筛一车间安全主管一脸无奈抱怨着。

邓雄杰听到这个情况后，心里也非常着急，立马对段内六个大修车间进行了调研，发现防护员业务水平不全面、岗位技能单一的情况非常普遍，日常作业能够胜任的号位单一、遇到施工环境复杂的地段就容易出错。怎么办？有没有办法开发一种教具，提高防护人员培训效果、让防护员快速提升岗位技能，将安全管理人员放心地从防护地段解放出来。他立即组织工作室成员进行分析、讨论，最终确定了制作一个方便携带、能够随时模拟现场防护设置的教具。通过教具的使用推广，配备教具到班组，让防护员随时可以对照模拟练习，不断提升岗位操作技能，完美地解决了这个问题。

成果视频

钢轨防倒器和
解锁拨开装置

21 钢轨防倒器和解锁拨开装置

成果完成人

向太学

成果完成人简介

向太学,广州铁路轨道装备有限公司广州高速轨道技术有限公司铁路线路工,曾获广州局集团公司先进生产者、创新能手等荣誉。先后获国家实用新型专利4项,曾参与国铁集团课题“高铁换轨一体化施工关键技术及成套装备的研究”,课题获得验收A级。

创新成果项目介绍

创新成果简介

钢轨防倒器和解锁拨开装置是高铁换轨一体化装备的配套工装，其中解锁拨开装置安装于长钢轨运输车作业尾车，钢轨防倒器根据线路扣件型号Ⅱ型、V型、WJ-7型、WJ-8型、W300型进行配置，用于普速铁路和高速铁路的有砟轨道线路。主要可解决一体化换轨施工过程中待换钢轨轨距失控、钢轨侧翻、胀轨、轨向不顺、吊枕木等影响行车安全和换轨施工卡阻等技术问题，研制的钢轨防倒器利用既有轨枕螺栓顶住轨腰、压住轨底和卡住轨距，实现钢轨防倒功能，为实现高铁换轨一体化技术打下坚实基础。

创新成果背景

围绕长钢轨的运、卸、焊、换、收各个环节，按照高铁施工实现“工完料尽、人走场清”的目标不断研发换轨施工配套工装，填补国内高铁换轨防倒装置的空白，根据现场实际需求通过合理规划设计钢轨防倒器及解锁拨开装置。

创新成果目标/解决的关键问题

一是解决高铁换轨地段长轨运输车的行车安全，达到钢轨防倒预期目标，现场使用效果良好，为实现高铁换轨一体化做保障。二是本装置通过了110 km以上的高铁换轨试验，满足高铁换轨要求，总结出直线地段“隔8紧1”、曲线地段“隔5紧1”的标准设置，效果良好。三是实现了从人工松开安全道到自动化拨开安全道的飞跃，换轨速度从原来小于1 km/h提升到3~4 km/h。

创新成果创新点

新颖性：项目成果在全路属于首创，获国家实用新型专利。

创新性：能够对承轨槽内钢轨进行限位锁定，控制钢轨空间位置，缓解了现有技术中存在的现场安装拆卸过程复杂、操作不方便的技术问题。

实用性：与现有技术相比，具有适应性广、稳定性好、安全性高、扣压强度达标、便于安装拆卸和使用操作简单等优点。

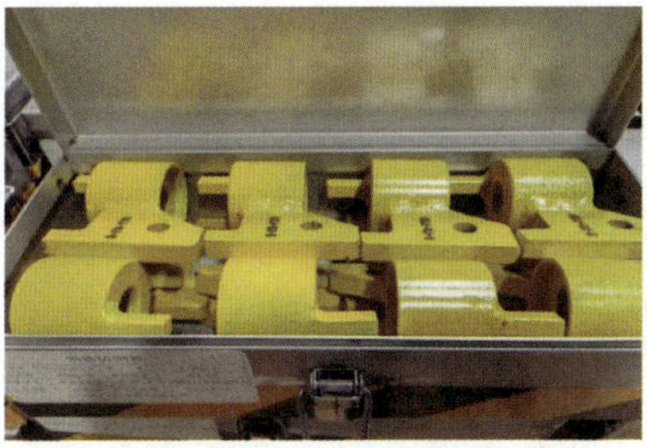

WJ-8 型钢轨防倒器

解锁拨开装置

钢轨防倒器和解锁拨开装置运用

上海局集团公司租赁一体化装备及配套工装

实用新型专利证书

实用新型名称：钢轨防倒器和解锁拨开装置

专　利　号：ZL 2023 2 1856462.4

专利申请日：2023年07月14日

专　利　权　人：广州高速轨道技术有限公司

授权公告日：2024年01月26日　　授权公告号：CN 220394185 U

局长
申长雨

钢轨防倒器和解锁拨开装置专利证书

攻坚小故事

高铁换轨安全守护"神器"

传统的防倒装置其自身的笨重与复杂的解锁过程为换轨工作增加诸多困难。面对这一挑战，向太学毅然决然踏上了攻克难关的征途。

经过无数个日夜的努力，先后试制了六种类型的钢轨防倒器，经过不断的更新迭代，终于迎来胜利的曙光。他们设计出新型钢轨防倒器，采用轻质高强度材料，质量由3 kg减小到1.2 kg。配套的解锁拨开装置更是化繁为简，巧妙地利用列车行进直接撞开解锁装置，大大提高了作业效率。当新型防倒器首次应用于现场，工人们纷纷赞叹其便捷与高效。这场攻坚战，不仅是对技术的挑战，更是对铁路安全守护的承诺。

成果视频

铁路线路 MP12
仿型打磨机稳定
走行轮项目

22　铁路线路 MP12 仿型打磨机稳定走行轮项目

成果完成人

李庆丰　张　波　周正葵　陈　钦　万小平　廖　衡　李小标
张　健　黄　玮

成果完成人简介

李庆丰，衡阳工务段衡阳综合维修二车间副主任，李庆丰劳模和工匠人才创新工作室带头人，曾获火车头奖章、最美广铁人等荣誉。

创新成果项目介绍

创新成果简介

在道岔轨面修工作中要同时完成钢轨焊缝、肥边、鱼鳞伤修理性打磨及辙叉、尖基轨廓型修复等工作，如果使用体积庞大的 MV3 钢轨打磨机，每次工作至少需要两台运输车辆和相应操作人员运送打磨设备才能满足工作需要。改进后的铁路线路 MP12 仿型打磨机稳定走行轮后，不再需要携带 MV3 钢轨打磨机，节约了装载空间，一台依维柯工具车便可以携带多种打磨设备一次性完成道岔轨面修的全部工作环节，提高了道岔轨面修的模块化打磨效率。

创新成果背景

为扩大成果影响，衡阳工务段和湖南高速铁路职业技术学院成立了联合研发小组。一是打造研发组织体系。由李庆丰劳模和工匠人才创新工作室、李庆丰大师工作室带头人李庆丰牵头，衡阳工务段提供资金和技术支持，衡阳综合维修二车间相关人员为研发使用主体。二是精心组织开展研发。研发团队通过测量、试样、预制、制图等工序，绘制了铁路线路 MP12 仿型打磨机稳定走行轮的固定支架、连接杆、绝缘轮的图纸。三是全面推广扩大影响。在段技术科和工会的大力支持下依据图纸加工出铁路线路 MP12 仿型打磨机稳定走行轮成品，并在负责全段轨面修专项工作的衡阳综合维修二车间各工区推广使用。

创新成果目标／解决的关键问题

稳定支撑功能：作业人员不需要扶撑打磨机，为作业人员节省体力。

平稳打磨功能：通过稳定走行轮的支撑使打磨的光带平直顺滑。

廓型修复功能：达到代替 MV3 钢轨精磨机修复钢轨廓型、延缓或清除鱼鳞伤的目的。

肥边打磨功能：代替 MC3 道岔精磨机的肥边打磨功能。

解决了车辆运输的困难，使工班可以根据作业需要模块化携带相应打磨机器，提高了打磨覆盖面和工作效率。

创新成果创新点

创新性：项目成果提高了工作效率，降低了操作人员劳动强度。

实用性：使肥边打磨速度提高 1 倍以上，鱼鳞伤打磨效率提高 53%，节约劳力 4 人每天窗。

经济性：一是节约设备采购成本。5 万多元的 MP12 仿型打磨机具备 16 万多元的 MV3 钢轨精磨机的打磨工作效果，6 个工区推广使用节约设备采购成本约

66 万元。二是节约车辆运输成本。每个工区节约运输车辆 1 台，减少司机 1 人，年度节约运输相关费用约 360 万元。三是节约设备更换成本。提高各工区轨面鱼鳞伤修复能力，有效避免因鱼鳞伤发展造成的钢轨更换，每年节约的设备更换成本近 2 000 万元。

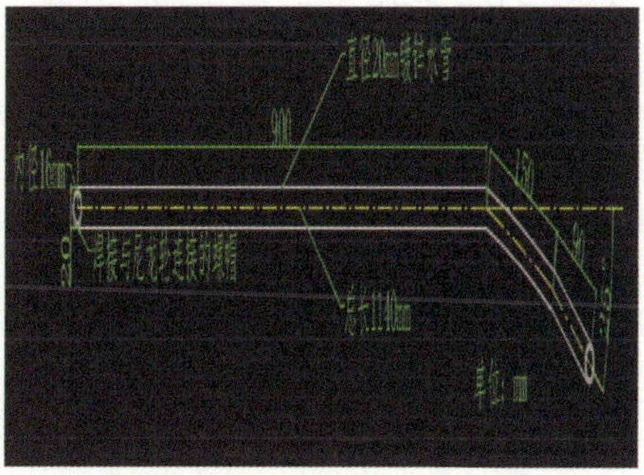

MP12 仿型打磨机稳定走行轮连接杆设计图

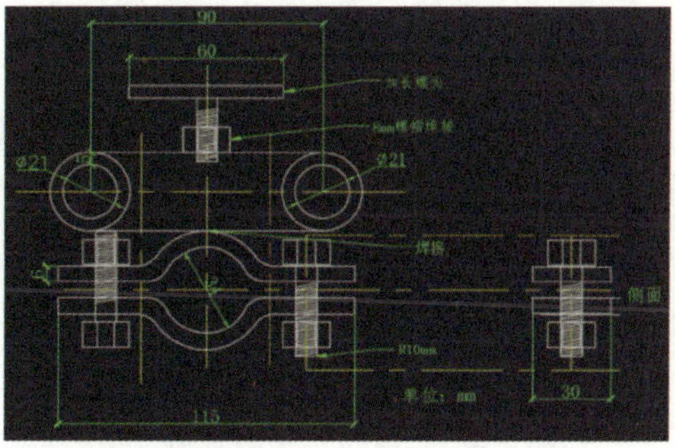

MP12 仿型打磨机稳定走行轮固定架设计图

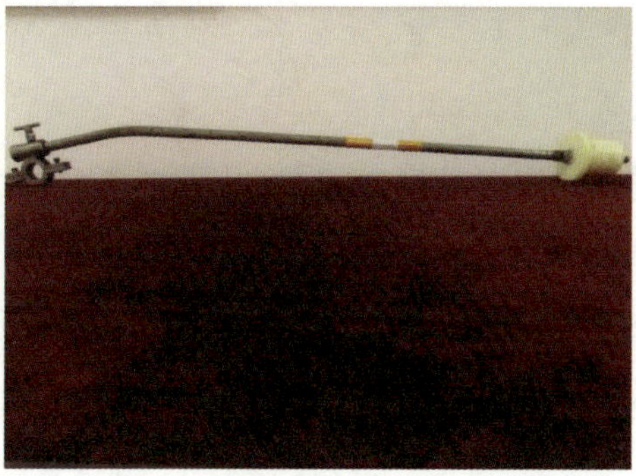

MP12 仿型打磨机稳定走行轮成品

MP12 仿型打磨机稳定走行轮安装

MP12 仿型打磨机稳定走行轮鱼鳞伤打磨

MP12 仿型打磨机稳定走行轮鱼鳞伤打磨效果

攻坚小故事

MP12 仿型打磨机稳定走行轮的创新之旅

"哎,现在咱们这道岔轨面修工作太复杂了,涉及的工艺又多,这体积庞大的 MV3 型钢轨打磨机又不好用,李主任,要是咱们的创新小组能改进一下就好了。"一名老师傅正在和李庆丰吐槽现在的钢轨打磨机不好用。"是得让咱们的工具换换新,减轻一下伙计们的工作压力了。"李庆丰说完脑海中就默默开始构思该做一个什么样子的新型打磨机了,突然灵光一闪:现在的情况主要是伙计们要费力去扶着打磨机,如果给我们的新型打磨机加个类似走行杆多好呀!

说干就干,李庆丰迅速组建创新小组。他精心设计图纸,组员们四处收集材料数据、测量试样,并绘制了铁路线路 MP12 仿型打磨机稳定走行轮的固定支架、连接杆图纸,然后找人加工零件,最后齐心协力完成走行轮的安装焊接。上线试用时,效果显著,大家满心欢喜。

可没多久,问题来了。职工反馈绝缘轨距杆笨重,走行轮杆通过性差。李庆丰没被难倒,带着小组再次出发,对现有设备进行了再次的升级改造,不仅减轻了工具材料的重量,还缩小了工具的大小。最终,新工具获得了大家的一致认可。

成果视频

新型轨距杆防松卡扣

23 新型轨距杆防松卡扣

成果完成人

王卫富等

成果完成人简介

王卫富，怀化工务段怀化西线路车间主任，王卫富劳模和工匠人才创新工作室带头人，曾获火车头奖章等荣誉，获国家实用新型专利1项。

创新成果项目介绍

创新成果简介

新型轨距杆防松卡扣在既有轨距杆卡爪两侧分别钻孔并安装插销，与既有的轨距杆卡爪连接，并在防松卡扣内壁两侧焊接垫片，保证防松卡扣作用状态下与轨距杆六角螺母呈 90°，使轨距杆六角螺母内锲式锁固于防松卡扣内，防止轨距杆螺母的松动。

创新成果背景

驼峰缓行器处，钢轨采用活动设计，该处轨距变化大，日常在该处加装轨距杆来保证轨距在正常范围值，由于受列车冲击所带来的振动较大，螺母紧固后 2~3 天即会松动或脱落，导致轨距杆作用失效，轨距扩大，存在行车安全隐患。为保障轨道框架稳定，工务养护人员需每 2~3 天复紧一次，每次复紧需现场防护员 1 名、作业人员 1 名，耗时约 10 min。经统计，每个旧式轨距杆爪复紧每年需耗时 2 400 min，即 40 h，换算为人工是 5 个工天，2 660 个旧式轨距杆爪复紧每年需人工 13 300 个工天，养护用工成本高，严重干扰了正常线路养修秩序。

创新成果目标/解决的关键问题

一是新型轨距杆卡扣安装使用后，轨距杆螺母不会在列车振动下发生松动。二是本新型卡扣能有效保证线路轨距状态良好和轨道框架稳定，降低了工务设备养护强度，提高了工务设备的安全可靠性。

创新成果创新点

创新性：不改变原轨距杆结构，基于小型化、便携式、模块化设计。

实用性：简单易操作，大幅降低作业难度，有效提高维修质量，易于推广实施。

经济性：有效地降低了人工养护和材料成本。

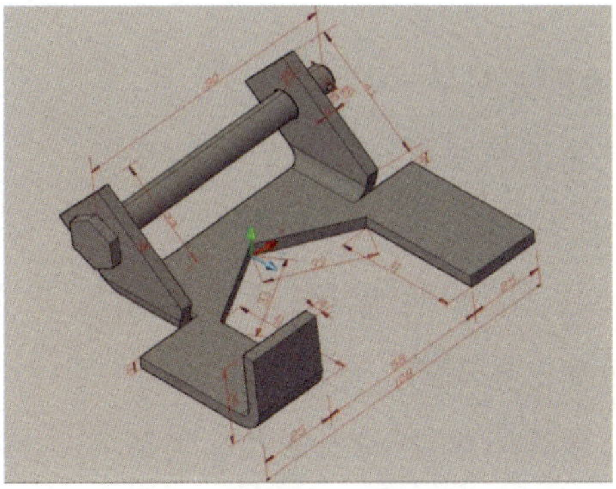

新型轨距杆防松卡扣设计图

新型轨距杆防松卡扣松开状态侧面

新型轨距杆防松卡扣松开状态正面

新型轨距杆防松卡扣闭合作用状态侧面

新型轨距杆防松卡扣闭合作用状态正面

攻坚小故事

给轨距杆上“紧箍咒”

“王主任，这个办法太好啦！之前轨距杆松得多，紧了又松，松了再紧，反反复复，太危险了！现在一劳永逸咯！”

王卫富劳模和工匠人才创新工作室，注重解决现场设备顽固病害问题，立志彻底解决或延长病害问题反复出现周期。针对这一难题，工作室成立轨距杆专项攻关课题组，大家集思广益，纷纷提出了不同的想法和创新思路。

专项课题组成立之初，一直围绕怎么改进或者制造出一种全新的使用工具来方便地紧固缓行器地段的轨距杆螺帽，多次试验，都不理想，不是工具太大太笨重，就是太小太轻薄用不上多大力。经过不停变换思路，最终从轨距杆本身去思考，给轨距杆上个“紧箍咒”，让螺母老老实实地“定”在轨距杆上，从画设计图到加工制作再到现场试验，又经历了多次的失败。通过专项课题组成员的不断努力，新型轨距杆防松卡扣终于“诞生”！经现场使用，得到了作业人员的一致好评。

成果视频

自锁式新型
吊轨钳

24　自锁式新型吊轨钳

成果完成人

李聪全

成果完成人简介

李聪全，张家界工务段张家界综合机修车间电器钳工，多次获段先进生产者、优秀共产党员等荣誉，2 次获得广州局集团公司技改项目三等奖，善于机械设备维修、修旧利废、技术革新。

创新成果项目介绍

创新成果简介

钢轨吊钳是张家界工务段轨道车装卸运输班最常用的吊轨工具，每年所需数量较大，且日常装卸工作中对其安全性、可操控性、实用性要求较高。自锁式新型吊轨钳通过克服传统吊轨钳的缺陷，创新性利用四连杆和双连杆互锁原理，提高吊锁的锁定能力和抓控力。经过多次试验，且应用于现场使用近两年时间，证明本装置在起吊钢轨时，随着钢轨上升，吊钳会越夹越紧，不易滑脱掉轨，大大提高了操作安全性。本装置可根据钢轨形状和不同起吊环境灵活调整吊轨钳的夹角，可增大吊钳与钢轨的接触面积，面对多条钢轨叠放时，更容易在钢轨缝隙中牢固夹住钢轨，使运输作业更加高效、快捷、安全，大大提高了可操控性和工作效率。吊钳采用高强度钢板制作，并增加了转轴的强度和直径，使钢轨吊钳不易变形和损伤，增加了使用寿命，降低生产成本，年度节省资金近 20 万。

创新成果背景

张家界工务段原来使用的钢轨吊钳设计存在一定缺陷，吊钳开口、重量可操作性差，仅靠其自重夹紧钢轨，与钢轨夹角不对，所以起吊钢轨时易脱钩，给操作人员带来了严重的安全隐患，同时大大降低了轨道车装卸运输班装卸钢轨的工作效率。

创新成果目标/解决的关键问题

（1）本装置提高轨道车装卸运输班装卸钢轨时的安全性、操控性、实用性和工作效率，同时减轻传统吊钳极易变形和损伤等问题，在实际工作中能够灵活应对多条铁轨的复杂摆放环境。

（2）本装置的使用寿命长，减少了生产成本，提高了生产效率，具有较高的推广价值。

创新成果创新点

经过反复研究试验，制作了 2 种吊轨钳，并已在运输班轨道车上长期实践应用，目前已运用于装卸作业 2 年，职工普遍反映其实用效果非常好。

（1）安全性：自锁式新型吊轨钳克服了旧吊轨钳的缺陷，利用四连杆和双连杆互锁原理起吊钢轨时是越发夹紧，起吊钢轨是自动自锁，避免了钢轨的滑落和移动。

（2）适用性：针对多条钢轨不规则叠放的情况，自锁式新型吊轨钳可以根据钢轨形状和不同工作装卸环境创新性地调整吊轨钳的夹角，增大了吊钳与钢轨的接触面积。

（3）操作性：自锁式新型吊轨钳与传统吊轨钳相比，在材质设计上进行创新性调整，重量上相比更轻，厚度上更薄，工人操作起来更加简单高效。

（4）高效性：自锁式新型吊轨钳可以稳定摆放整齐钢轨，减少工人的二次作业，缩短工作时间，提高工作效率。

1 号吊轨钳（主视图）

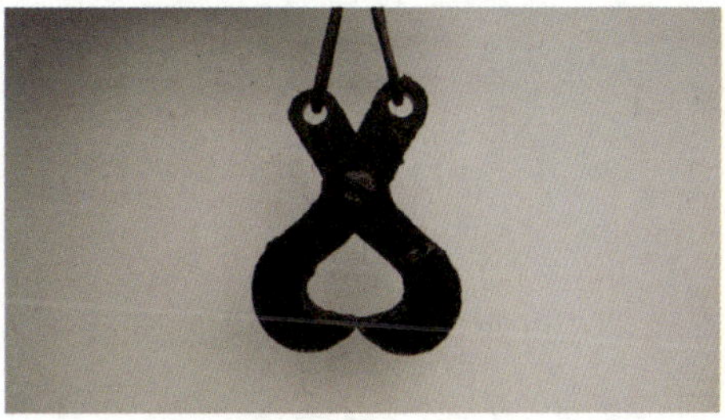

2 号吊轨钳（主视图）

1 号吊轨模拟作业图

2 号吊轨模拟作业图

1 号吊轨现场作业图

2 号吊轨现场作业图

攻坚小故事

创新之钳　智慧革新

焦柳线张家界站至二家河站区间内,几名工人正紧张地对沿线堆码的旧轨料进行回收,弯腰、挂钩、指挥起吊,滴落在钢轨上的汗水在阳光的照射下一会儿便蒸发不见了。

"李工,你看我们现在用的吊轨钳在吊起的时候有些松动。""起吊员,慢一点、慢一点!"

"是的,传统吊轨钳吊装作业时夹力不足,不仅效率低,还存在安全隐患,这样下去不是办法。"看着工友们费力地操作着笨重的吊轨钳,李聪全心中不禁涌起一股创新改造的冲动。

一天,李聪全在创新工作室召集了几名工友,他们围坐在一起讨论着如何改进吊轨钳,经过几轮头脑风暴他们决定设计两种连杆交互受力吊轨钳。

"连杆互锁原理,吊锁的锁定能力和抓控力可以进一步提高,这个主意好。"团队成员分工明确,画图纸、找材料、制作模型,经过反复试验和改进,成功研制自锁式新型吊轨钳。投入现场使用后,工友们更是连连点赞。

成果视频

S700K-C 转辙机遮断开关结构改进

25 S700K-C 转辙机遮断开关结构改进

成果完成人

李池锦

成果完成人简介

李池锦，广州电务段高铁科科长，曾获广州局集团公司企业管理现代化创新成果二等奖 1 项、三等奖 1 项，获国家实用新型专利 2 项。

创新成果项目介绍

创新成果简介

S700K转辙机遮断开关装置用于保证现场维修作业安全，遮断开关接通，才能接通道岔动作电路。在现场运用过程中，多次出现因设计不合理造成遮断开关不良，引起道岔故障。本项目对遮断开关结构进行改进主要是用接点组型开关替代旧型单开关，同时增加冗余，改变连接方式、防止断裂，遮断开关安全接点由暗处改到明处、方便检查维护，增强了遮断开关装置的可靠性。本项目改进的成果《基于有限元仿真分析的S700K-C转辙机遮断开关结构改进》发表于《铁道通信信号》2023年8月第59卷第8期。

创新成果背景

既有S700K转辙机遮断开关装置在现场运用过程中存在以下问题：

(1)遮断开关装置按钮通过扁插头硬连接，扁插头在振动环境下，容易发生断裂，影响道岔动作电路正常工作。

(2)遮断开关装置按钮位置隐蔽，难以检查，给日常设备维护、故障查找带来不利，易造成长延时故障。

(3)遮断开关装置结构复杂，按钮不易拆装更换。

(4)遮断开关装置采用单个按钮，安全冗余不足。

创新成果目标/解决的关键问题

从源头解决遮断开关装置因设计不合理导致同类型道岔故障多发问题；提升遮断开关装置的维护性，仅需目视检查，检查时间由20 min减少到1 min以内。

创新成果创新点

创新性：对既有遮断器开关结构重新进行了设计，更符合现场运用实际。

可靠性：一是行程开关替代原有按钮开关及扁插头，采用2片冗余并联的方式(最多可装4片)，可靠度更高。二是新遮断开关底部带有螺纹座，可通过螺钉安装固定在弯板上端，线路接点设置在开关上端，避免了原扁插头结构既连接又导通的弊端，日常检查目测即可，有效降低了日常维护强度，方便发现故障且易于更换。三是新遮断开关的主体结构件弯板与销轴均为不锈钢材质，强度高，抗振性及耐磨性更好，能有效避免原有结构中的磨损现象。

经济性：相比原构件的模具压铸成型，新构件选用常规的钣金折弯工艺，降低了成本。

遮断开关（俯视图）

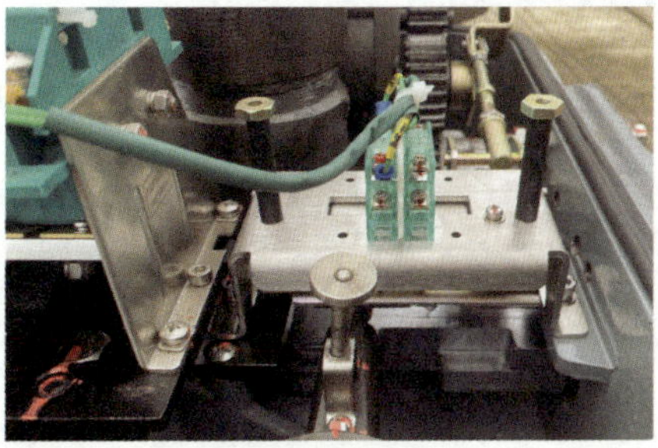

遮断开关（主视图）

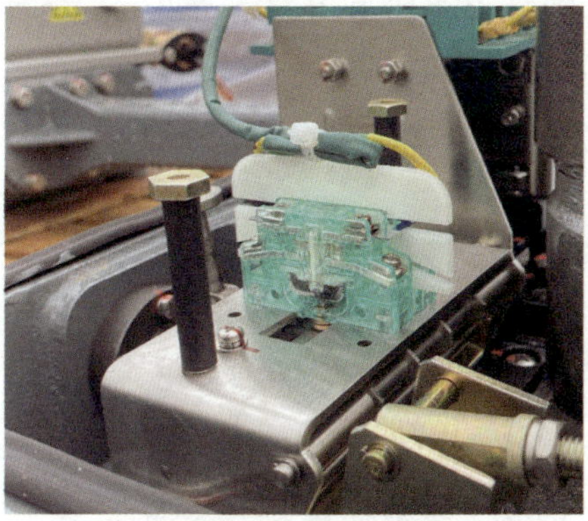

遮断开关（侧视图）

遮断开关冗余结构

遮断开关安装图

攻坚小故事

从“心”出发设备运用更安全

“叮！广深港光明城站1号道岔故障,您被工作室选为攻关小组成员,进行故障攻关,请扫码进临时攻关群。”王冰收到信息后立即扫码进群。针对设备故障,工作室根据成员技术特点,抽选工作室技术骨干成立临时攻关小组,进行设备攻关,此项举措为工作室成员高铁科科长李池锦提出并组织实施。

“按钮开关设计不合理,在处理故障时太难发现导致故障延时过长。”“扁插头在列车振动过程中折断是故障的直接原因,我们需先从此项入手。”“扁插头既沟通电路又起到固定按钮开关作用,应该分离出来才能最终解决此类问题。”攻关小组和厂家到现场进行调研,“金点子”频出,经过共同努力新型的转辙机遮断开关逐渐成形。

“新型的遮断开关相对旧型进行了大改,这是花了心血做出来的,以前要拆下来才能进行检查,现在肉眼就可以了,减少了作业风险,保障了设备稳定。”光明城信号站工区工长说。新型转辙机遮断开关率先在光明城站运用,得到一致好评。

成果视频

便携式 BTM 天线灵敏度测试仪

26 便携式 BTM 天线灵敏度测试仪

成果完成人

陈耿隆　李　朋　罗建勇　徐名龙　黎　佳　周水燕　刘维智　李梦然
郑晓扬　王立群　王　强　王青梅　王　琼　覃裕烽

成果完成人简介

陈耿隆，广州电务段广州南列控设备高级修车间机车电工技师，曾获广东省五一劳动奖章、全路技术能手、广铁工匠等荣誉，获国家外观设计专利 1 项。陈耿隆劳模和工匠人才创新工作室自成立以来获各级创新成果奖 60 项，其中国家级 4 项，省部级 14 项，集团公司级 17 项，段级 25 项；培养全路技术能手 1 人，高级技师 10 人，技师 25 人。

创新成果项目介绍

创新成果简介

便携式 BTM 天线灵敏度测试仪是列控车载设备 BTM 天线灵敏度的测试仪器。本装置解决了原有 BTM 天线灵敏度无法准确测量的问题,实现了 BTM 天线灵敏度的精准测量及趋势变化分析,能在日常维护中及早发现 BTM 天线灵敏度下降、灵敏度接近临界值的问题,将 BTM 天线隐患消灭在萌芽阶段,实现 BTM 天线预防修的目标,防止因 BTM 天线故障影响高铁行车秩序,提升了旅客乘车体验。

创新成果背景

现有 BTM 天线灵敏度测量方法没有准确数据,只有估值;同时国内同类产品采用大型机械装置、电机驱动升降,非常笨重,一次作业需要多人搬运,费时费力,成本高昂。

创新成果目标/解决的关键问题

一是解决既有 BTM 天线灵敏度测试不准确的问题,实现精准可视化测量。二是实现测量工装便携式轻量化设计,降低工作强度。三是实现测试方式的简易操作性,减少测试结果人的因素干扰。四是实现动态追踪 BTM 天线性能劣化情况,超前防范设备隐患。

创新成果创新点

创新性:开创性运用超声波测距和无线数据传输原理,实现 BTM 天线灵敏度准确测量。基于小型化、便携式、模块化设计,简单易操作。

实用性:与既有方式相比,测试数据精准可靠,能大幅减轻作业强度,有效提高维修质量,易于推广实施。

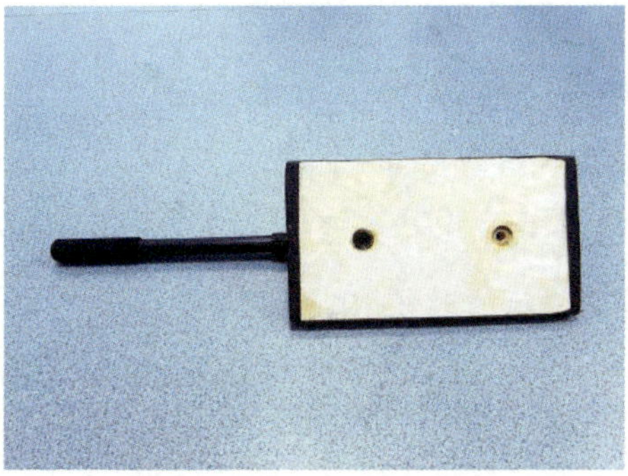

便携式 BTM 天线灵敏度测试仪
收缩后（主视图）

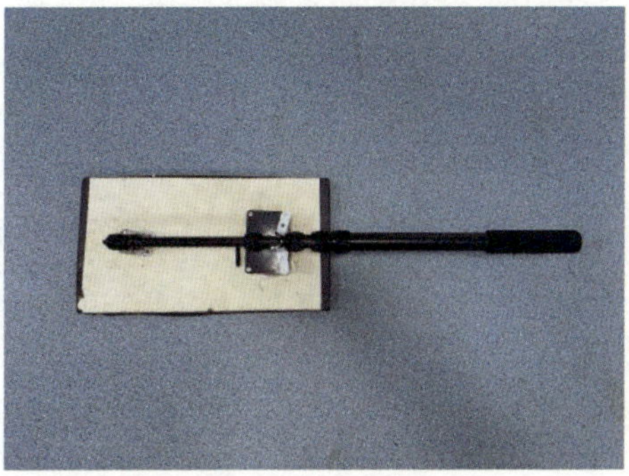

便携式 BTM 天线灵敏度测试仪
收缩后（底视图）

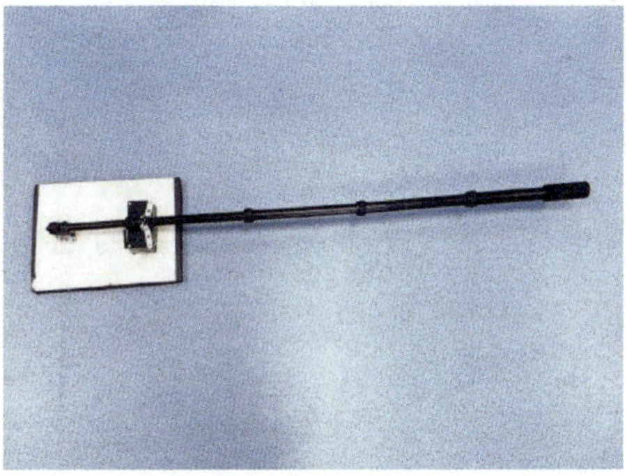

便携式 BTM 天线灵敏度测试仪
展开后（主视图）

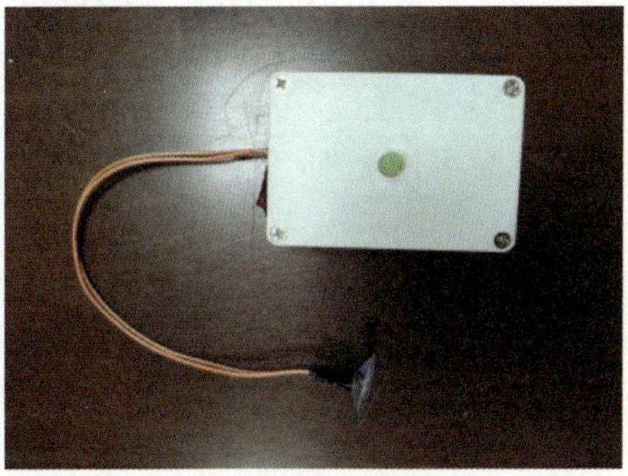

便携式 BTM 天线灵敏度测试仪
灯显识别模块

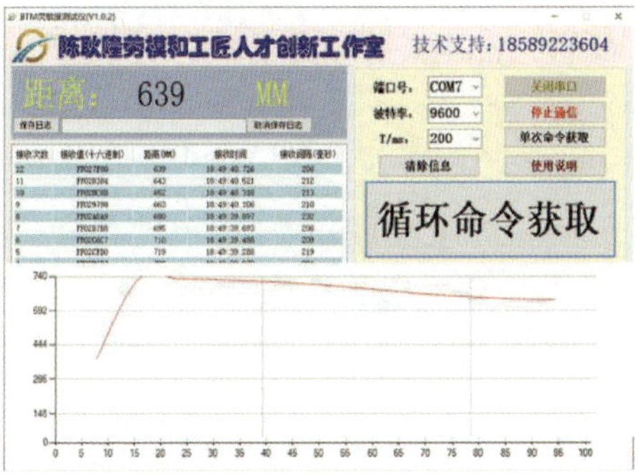

便携式 BTM 天线灵敏度测试仪
显示界面

便携式 BTM 天线灵敏度测试仪
现场作业图

攻坚小故事

为测试仪"减肥"

"陈工,用现在这个测试仪可以看到准确的数据,非常好用,就是太笨重了,我的手都举酸了,能给测试仪再减减肥就好了。"在BTM天线灵敏度测试仪完成功能研发、现场测试试验的时候,工区配合人员向陈耿隆反馈使用体会。

陈耿隆听到这个满满称赞和期盼的反馈意见后,心里既高兴,又有点担忧,如果现在推出这个测试仪,今后在使用过程中,职工肯定还会有改进需求。怎么办?工作室团队立刻集合来了个头脑风暴,给测试仪"减肥"。团队将测试仪全部零件进行一一拆解,逐个称重、分析,发现测试仪最重的部分是玻璃钢外壳。现在的问题变成了更换轻型外壳,保留中间的核心电路板,测试仪工作稳定性和准确性还能否达标。通过团队的不断试验,终于克服了这个难题,测试仪质量也从原来的4 kg降低为0.6 kg,完美完成测试仪"减肥"任务。

成果视频

道岔开口限位装置

27 道岔开口限位装置

成果完成人

黄修辉

成果完成人简介

黄修辉，广州电务段中山信号车间铁路信号工，曾获广州局集团公司优秀工会积极分子等荣誉，获广州局集团公司合理化建议三等奖1项，国家实用新型专利2项。

创新成果项目介绍

创新成果简介

道岔开口限位装置适用于高铁 BWG 外锁道岔和钩式外锁道岔，有效解决了道岔卡斥离轨缺口故障难题。它由 L 型限位底板、调整伸缩板、固定螺栓、固定螺帽组成。调整伸缩板和 L 型限位底板侧壁由 2 mm 齿连接，最小调整量为 2 mm。L 型限位底板侧面螺栓孔为螺纹结构，通过松开调整伸缩板和 L 型限位底板固定螺栓，可以调整伸缩板前后移动用于限制住游离状态下的斥离尖轨在标准开口范围内。改进后的道岔开口限位装置在调整伸缩板处增加轴承结构，防止了道岔尖轨爬行时对装置的影响。消除了道岔卡斥离轨缺口故障，减少了道岔故障率，保障了设备安全，避免了调度列车调整、信息发布等工作。此项成果已获国家实用新型专利。

创新成果背景

道岔虚开(由于尖轨变形等原因导致道岔开程过大)一直是一道难题。道岔虚开对道岔危害较大：一是在道岔动态转换过程中，尖轨动作到标准开程后继续动作，导致斥离位缺口错位，轻则造成道岔二次启动，重则造成道岔无表示。二是道岔在静态下，过车或者其他外界振动使游离状态下的尖轨动作，斥离位缺口变化，动接点被顶起，造成道岔失去表示。现行解决方法一般都是通过工务部门弯尖轨整治，但是弯轨整治电务拆装杆件工作量大，工务所携带的工具笨重，弯轨度难掌握，即使弯轨整治合格后，使用一段时间有时候还会出现反弹，造成道岔密贴强度变化、工作压力曲线偏高等不利因素。卡斥离轨缺口导致道岔故障每年都有发生，影响最大的是某站 8 号道岔卡斥离轨缺口故障，故障延时达 63 min。

创新成果目标/解决的关键问题

此项成果解决了道岔卡斥离尖轨导致道岔故障的问题。

创新成果创新点

新颖性：项目成果在全路属于首创。

创新性：安装便携，只需松开调整伸缩板和 L 型限位底板固定螺栓，即可限制住游离状态下的斥离尖轨在标准开口范围内，简单易操作。

开口限位装置（斜视图）

开口限位装置（左视图）

开口限位装置（俯视图）

开口限位装置（右视图）

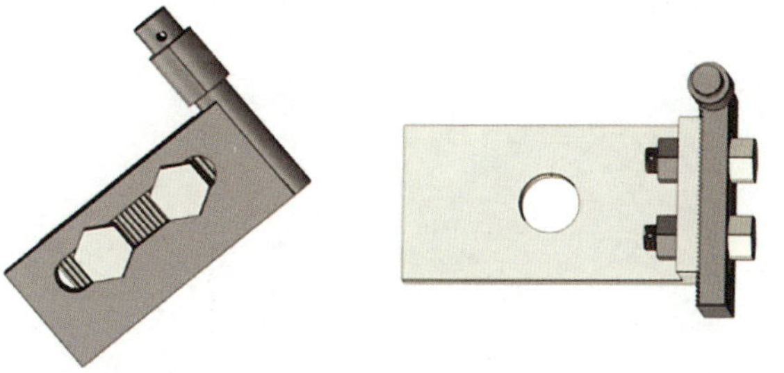

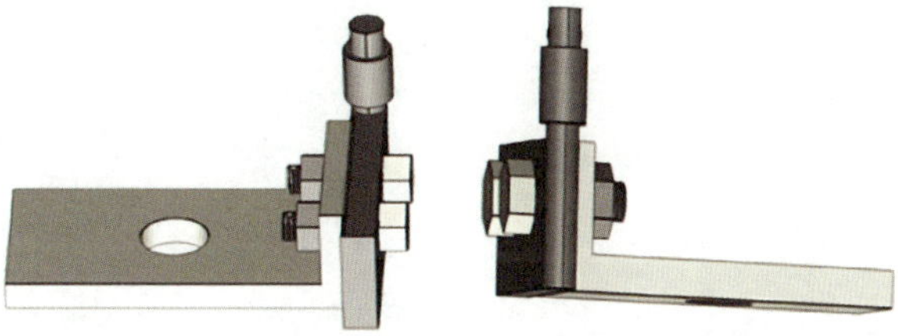

改进后开口限位装置

攻坚小故事

小装置发挥大作用

在车间月度工作总结会上，小榄工区工长说："新会站6号道岔J1相错量有14 mm，超过16 mm就会引起设备故障，调整比较困难，调整达标差不多要两个天窗才能调整完成，工作量有点大，风险也比较高，需要车间支援。""某站8号道岔就因相错量太大，卡斥离轨缺口引起故障，故障延时达63 min，问题比较普遍，要攻克此类问题，确保道岔设备运用稳定。"车间道岔主管黄修辉立即对问题进行分析，并暗下决心一定要攻克这个问题。

随后，黄修辉立即牵头成立了问题专项攻关小组，经过小组成员反复分析、研讨，最终确定通过限位的方式解决此问题，小组成员立刻制定实施方案、加工设备，并组织进行试验。经过试验论证，发现方案可行，能有效解决此问题。小组成员通过试验过程分析，立即组织对限位装置进行优化、改进，形成了最终方案，并在新会站安装试用，从安装到调试完成仅仅用时5 min，工长忍不住感叹："真是小装置大作用啊，解决了我心头的大问题，还减轻了工作强度。"

成果视频

铁路数据网一键管理运维软件 V1.0

28 铁路数据网一键管理运维软件 V1.0

成果完成人

钟毓浩　付　强　胡江云　常　根　唐春英　孙磊阳　郭伟强　安春发
谭　勇　赵宇龙　李铭煜　王一成　陶　慧　王民文　龚芸娴
雷小雨　刘岳辉　陈　丹

成果完成人简介

钟毓浩，广州通信段网管中心通信工。他参与了多个质量管理小组的课题，曾获广州局集团公司电务系统职业技能竞赛全能第一名，曾获广铁技术能手等荣誉。

创新成果项目介绍

创新成果简介

铁路数据网一键管理运维软件 V1.0 适用于铁路通信系统数据通信网的运营与维护，拥有数据网设备数据脚本制作、设备状态查询、设备学习及常见故障处理指导模块，具备一键式设备状态查询，同时针对常见的设备故障，提供故障处理思路，解决了维护人员缺少运维经验所导致的一系列问题，保障铁路数据网安全稳定的运行。

创新成果背景

由于铁路通信数据通信网业务的专业性，通过在国家科技图书文献中心、中国知网等平台进行查询，未查找到关于数据通信网脚本制作的资料及解决办法，而本小组在 2022 年完成了基于 MATLAB 建模的数据脚本生成器，借鉴了上一项目中批量处理技术，进行软件更新迭代，优化原有代码，并且新增铁路数据网设备状态查询、维护指导等功能，为解决问题提供更具创意和实用性的方案。

创新成果目标/解决的关键问题

解决了由于设备运维难度大和人员运维经验不足的情况下，导致维护及故障处理时间较长的问题，由原有的平均每次人工制作数据需要 134 min 26 s，优化至仅需 11 min 57 s，同时所有的安全指令集固化在软件之中，避免人工命令出错，降低安全风险。

创新成果创新点

（1）在原有基础上，优化软件运行机制，平均使用 19 次出现卡死重启一次，通过多次实验优化后软件持续使用超过 50 次。

（2）新增一键式导出设备性能状态功能，将原手动导出配置及设备性能方式的 17 min/台次降低为 5 min/台次。

（3）新增拓扑式图文故障处理指导功能，提高故障处置效率，提升职工业务水平，做到提高劳效，减少用工人数。

（4）2018 年至 2024 年期间，数据通信网业务工单呈现爆炸式增长，单台数据网设备计表作业时间平均 17 min，本发明能在维护设备逐年增长下，降低人工维护成本。

（5）软件可迁移性强。将源代码复制粘贴即可使用，可推广至全局各有数据网工单制作及设备维护的部门，亦可推广至各铁路局集团公司。

（6）人员劳效大幅提升。2022 年工区定编 28 人，至 2024 年定编 22 人，减幅 21%；2022 年工区管理数据网设备 1 625 台，至 2023 年底增加至 1 800 台，换算数据网设备维护方面劳效增幅 51.8% 以上。

软件界面

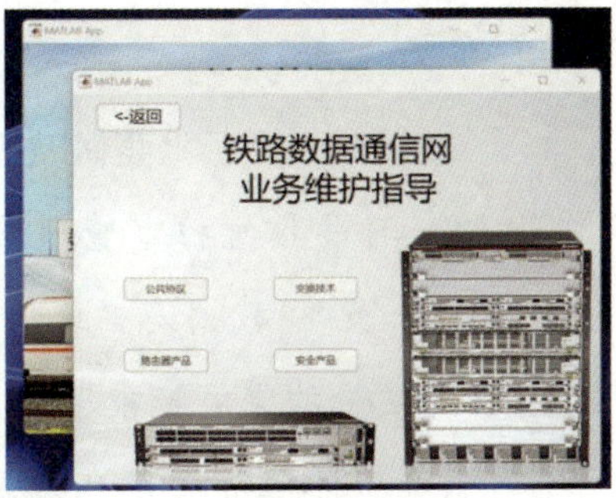

业务维护指导界面

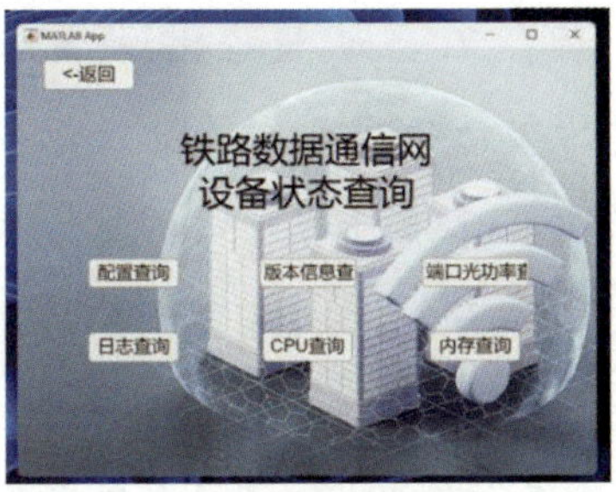

设备查询界面

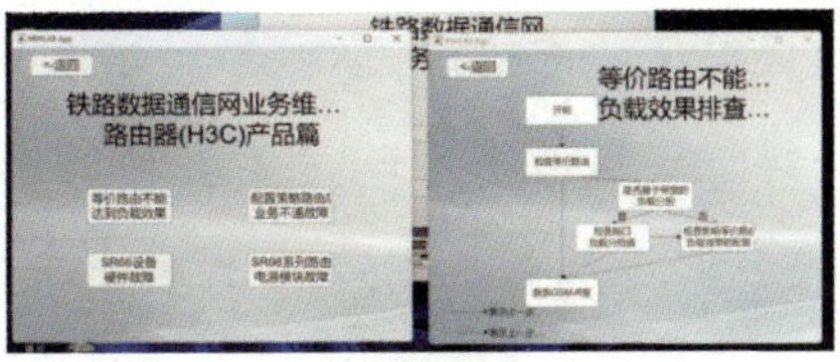

故障处置流程界面

脚本制作界面

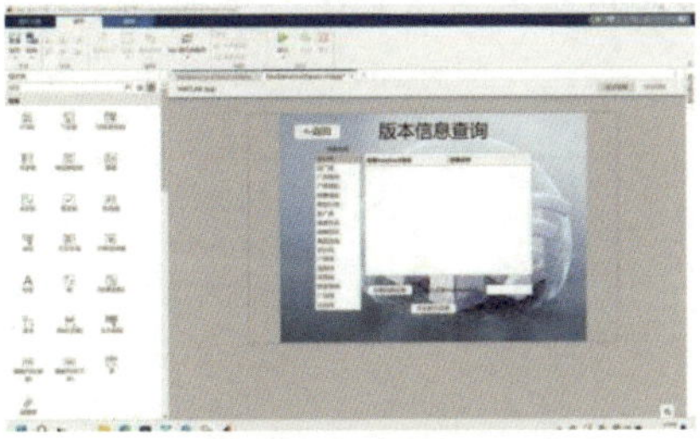

软件 UI 设计界面

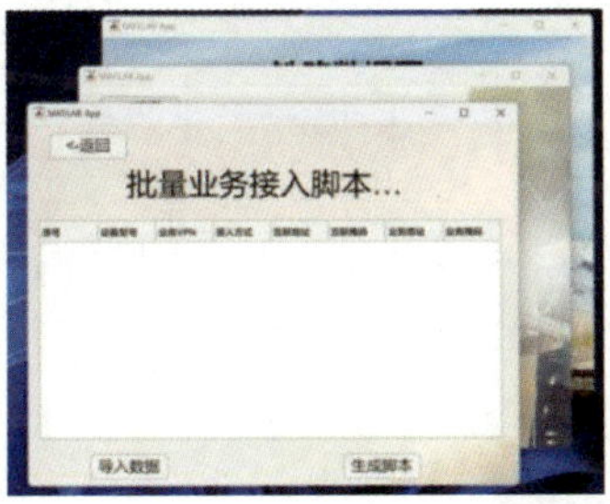

批量脚本制作界面

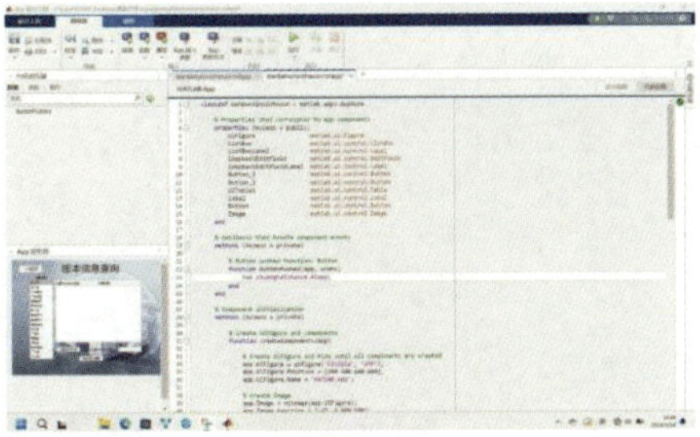

软件编写界面

攻坚小故事

“要做就做大事!”

广州GSM-R支撑维护室管理着湘粤琼三省共计1 800余台数据网设备,2018年至今,数据网工单呈现爆炸式增长的趋势,这给数据网生产任务按时按量的完成带来了很大压力。

“为什么相似故障处置的工作和重复性很强的工作,没有可以对着看的处置制度和自动化的软件呢?”刚调来工区的赵宇龙,向钟毓浩发出了疑问,而这个疑问让钟毓浩灵光一闪:“工业化,流程化,提高劳效,是的,为什么我们以前一直在做重复的劳动呢?”他转身就对他多年的好友说:“李铭煜,你去各大学术平台查一下有没有可以借鉴的学术资料。”钟毓浩安排道:“我去和厂家交流一下看看他们有什么解决方案,我们得想个办法,做个大事出来!”

于是铁路数据网一键管理运维软件被提上了开发日程,小组成员全心投入其中。经过多夜晚的挑灯夜战,多次试验磨合,铁路数据网一键管理运维软件V1.0终于面世。

成果视频

为列控车载设备速度传感器安装提供参数依据的工装器具

29 为列控车载设备速度传感器安装提供参数依据的工装器具

成果完成人

孙子雄 严伟鹏

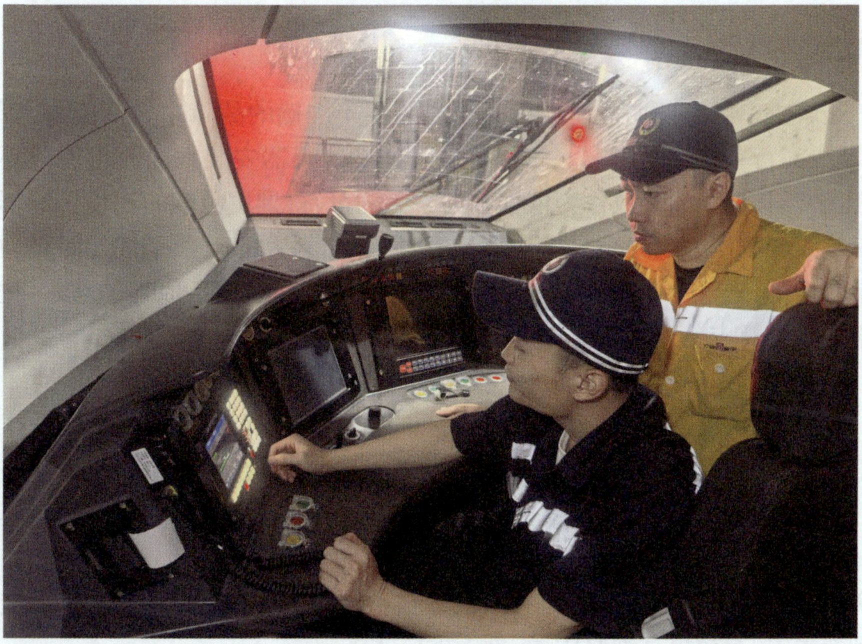

成果完成人简介

孙子雄，惠州电务段潮州列控车载设备车间助理工程师，曾获广州局集团公司先进生产者、广铁技术能手等荣誉。2021 年、2022 年他带领质量管理攻关小组连续两年被评为铁道行业优秀质量管理小组，参与的科研项目“CTCS2+ATO 列控车载仿真培训系统”获广州局集团公司科学技术进步奖三等奖，个人撰写的论文《Cj300T+ATO 车载设备继电器故障分析及对策研究》获广州局集团公司电务系统优秀论文二等奖。

创新成果项目介绍

创新成果简介

为列控车载设备速度传感器安装提供参数依据的工装器具可辅助列控车载技术维护人员更高效准确的完成速度传感器的安装，将列控车载设备测速测距不准确的隐患消灭在萌芽阶段，保障行车安全，实现对速度传感器预防修的目标，提升技术维护人员的专业素质和设备检修能力。

创新成果背景

根据前期对列控车载设备运用调查，发现车载设备在低速运行时测速测距不准确的故障率较高。对于速度传感器与车轮齿轮间隙的测量一直没有更好的手段，因此间隙值依据的工装研发需求迫切地摆在面前。

创新成果目标/解决的关键问题

一是解决车载设备在低速运行时测速测距不准确的故障率较高问题，降低故障率，减少对行车秩序的影响。二是实现对速度传感器安装间隙测量手段不断完善，以工装器具提供的参数作为依据辅助手工测量，得到更精准的速度传感器间隙值。三是实现测试方式的简易操作性，减少测试结果人的因素干扰。四是通过工装器具的运用，进一步提高职工对速度传感器及列控车载设备原理的理解，提升职工的维护水平及应急处置能力。

创新成果创新点

创新性：开创性运用速度传感器霍尔原理，采集设备在运用中产生的霍尔磁电感，并生成参数依据，实现对速度传感器安装间隙的准确测量。本工装器具基于小型化、便携式设计，操作简单。

实用性：与传统测量方式相比，测试数据精准可靠，减少了人为测量而造成的主观判断失误，有效提高维修质量，易于推广实施。

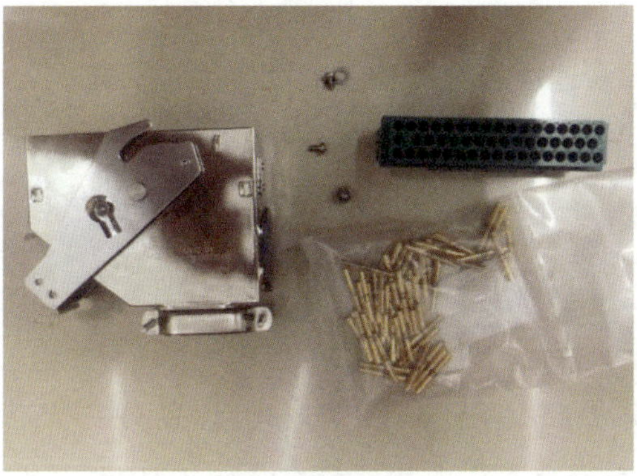

重载连接器组装

示波器安装可充电锂电池

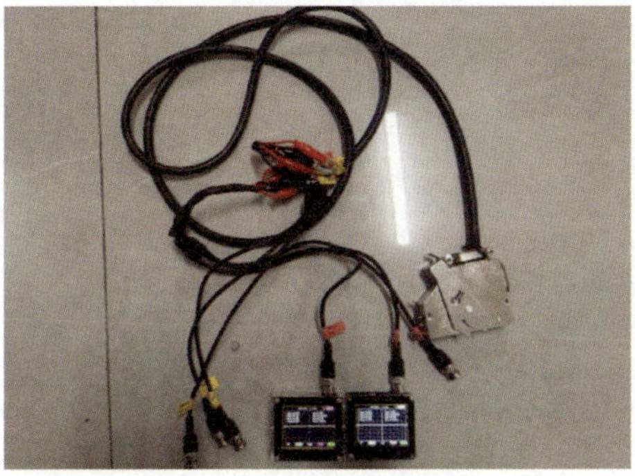

组装完成图

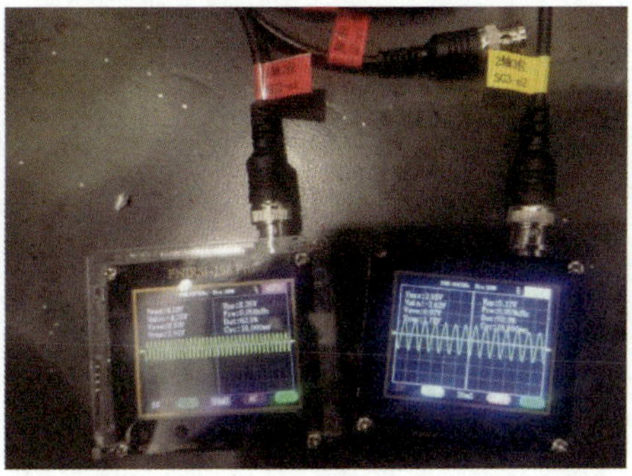

参数获取

实际运用

制定标准

攻坚小故事

如何能更精准有效的测量速度传感器安装间隙

某日，配属车组在结束当日运营交路，入库回所过程中又发生因测速测距不准造成应答器链接出窗，输出制动停车故障。车组在入库后开展故障处理，测量间隙值较之前的测量值超出2.5 mm。职工不禁发出吐槽：“这观察孔这么小，怎么可能测得准啊。”

车间助理工程师孙子雄听到反馈后心里不禁默默地想：设备对安装间隙精度的要求相当高，依靠人去对这个间隙值进行测量很不科学，10个人可以测量出10个结果，该怎样才可以得到一种行之有效的测量手段呢？带着这个疑问，工作室团队立刻紧急集合进行讨论：“必须研发出一个可为速度传感器安装提供重要参数依据的工装，工装必须能准确地对速度传感器安装间隙提供客观的参数，还需轻便易于携带。”通过团队反复试验，得到最理想状态下的间隙值，并制定测试标准，完美地提高了间隙测量的精确度。

成果视频

一种带有用户界面的测试道岔销伸缩力的测量仪

30　一种带有用户界面的测试道岔销伸缩力的测量仪

成果完成人

钟德志

成果完成人简介

钟德志，惠州电务段工会指导员，钟德志劳模和工匠人才创新工作室带头人，曾获火车头奖章等荣誉。其工作室共获得国家发明和实用新型专利 11 项，省部级质量管理成果 4 项，集团级质量管理成果 15 项；培养全国铁路技术能手 1 人，高级技师 2 人，技师 2 人，5 名成员走向管理岗位，2 名成员获广东省轨道交通信号工职业技能竞赛一等奖。

创新成果项目介绍

创新成果简介

带有用户界面的测试道岔销伸缩力的测量仪是通过对道岔关键机械部件转换阻力监测,快捷地测量出在线转辙机动作的最大力和稳态力,进行实时监测并记录道岔转换过程数据曲线的装置。本装置实现了道岔转换过程中所受阻力数据的精准监测,并形成数据曲线,能实时预警道岔工况趋势及故障点位报警,将道岔隐患消除在萌芽阶段,实现道岔预防修的目标,防止因道岔故障影响高铁行车秩序。同时,在同成本下,较同类测量工具提高效率近 20%,节支 25 万元/年。

创新成果背景

前期,旧式道岔伸缩力测量仪不具备可视功能,需外接大显示器设备;旧式道岔伸缩力测量仪只能进行杆件上的静态力测量,不能进行动态转换力测量,不利于准确定位影响道岔正常转换的病害部位。旧式道岔伸缩力测量仪需拆卸动作杆连接头,测量时拆装工序复杂。旧式道岔伸缩力没有内置电池,测量时需带发电机供电,不方便携带。旧式道岔伸缩力测量仪不能存储转换力的数据,也不能形成数据曲线预警道岔工况情况。

创新成果目标/解决的关键问题

一是解决旧式道岔伸缩力测量仪不能将测试数据直接显示在测量仪上的问题。二是解决旧式道岔伸缩力测量仪拆装困难的问题。三是解决旧式道岔伸缩力测量仪需外带发电机、不方便携带的问题。四是解决旧式道岔伸缩力测量仪不能存储分析转换力数据,也不能形成数据曲线预警道岔工况情况的问题。

创新成果创新点

新颖性:项目成果在全国属于首创,获得国家发明专利。

便捷性:一是本装置改变了数据显示方式,方便了操作。本测量仪将测试数据直观地展示给室外作业人员,同时操作按钮直接设置在道岔伸缩力测量仪上,方便室外人员操作。二是本装置改变了道岔伸缩力的监测位置、方便了仪器的拆装。本测量仪将监测位置设置在动作杆连接孔内,通过简单安装即可实现液压道岔杆件动态力和静态力的准确测量。三是本装置改变了供电方式,方便了携带。采用磁吸式 USB 充电接口、内置 1 000 mA · h 的充电电池,组成电池式传感器,携带方便。四是本装置改变了传输方式,增加了“曲线查看”功能,方便了数据分析。通过增加手持终端与测试仪的 Wi-Fi 连接,通过分机获取数据,实现了道岔转换力测试仪的“曲线查看”功能,实现了道岔工况预警。

实用性：一是实现道岔转换力的动态监测及数据曲线查看功能，预警道岔工况趋势及故障点位报警。二是道岔伸缩力测试仪监测的稳定性整体较高、易于实施。

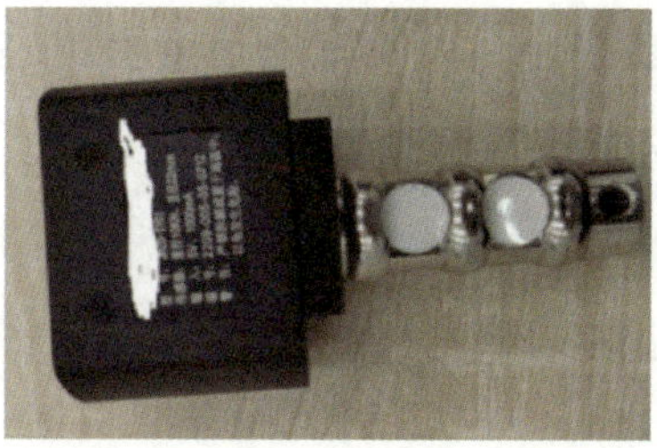

道岔伸缩力的测试仪收缩后（主视图）

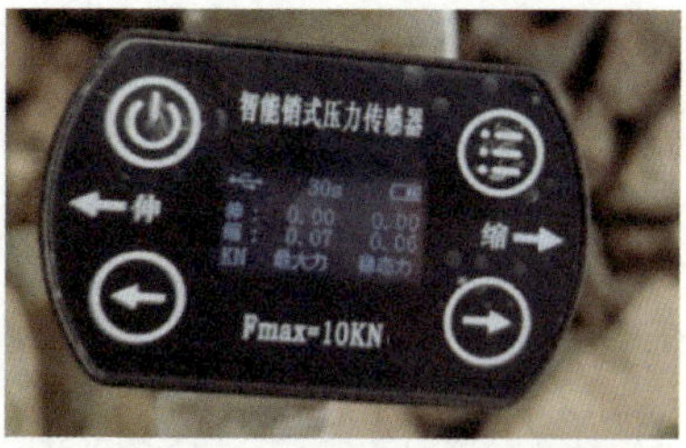

道岔伸缩力的测试仪收缩后（底视图）

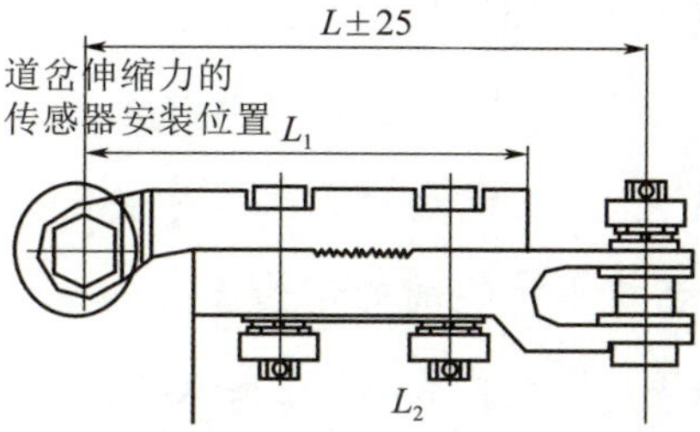

道岔伸缩力的测试仪测量安装位置示意图

道岔伸缩力的测试仪安装位置实物

道岔伸缩力的测试仪分机

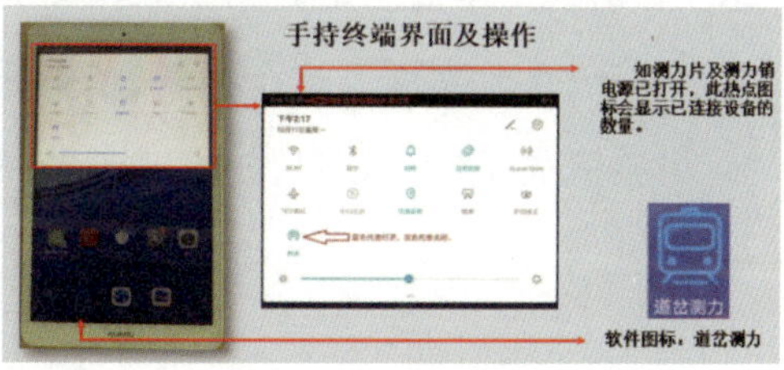

手持终端测量界面

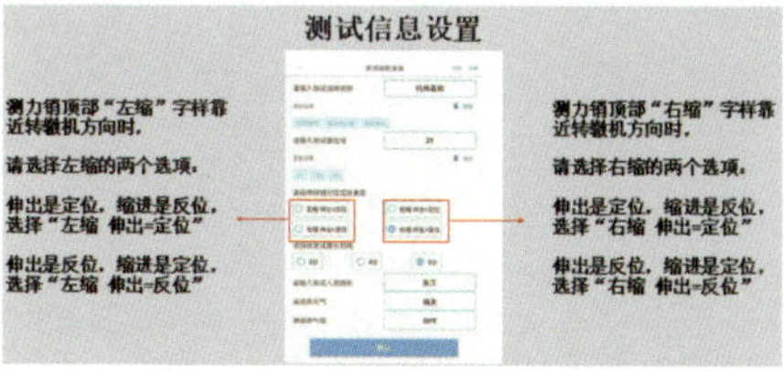

测量界面

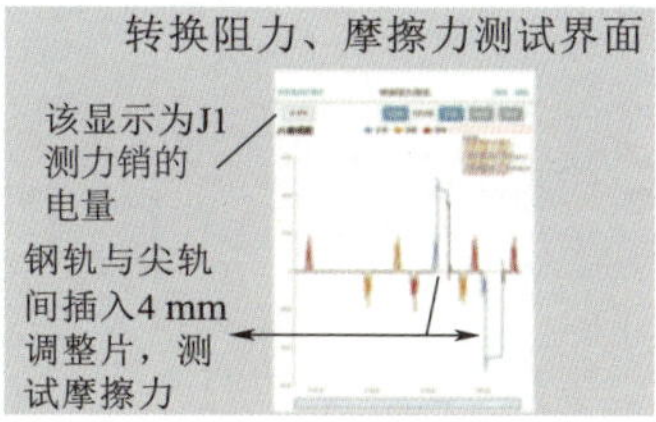

现场作业图

攻坚小故事

为道岔伸缩力测试仪增加"曲线查看功能"

"钟工,用现在这个道岔伸缩力测试仪可以看到准确的数据,很直观,非常好用,直接插入动作杆连接销孔就可以测量了,拆装方式简单。但如果能给这个测试仪增加一个手持仪,增加一个曲线查看功能就好了。"在道岔转换力测试装置完成功能初步研发、现场测试试验的时候,工区配合人员向钟德志反馈使用体会。

带着这个疑问,工作室团队立刻集合来了个头脑风暴:道岔伸缩力测试仪发出数据通过分机数据线传输给室内处理器,室内处理器通过分机的 Wi-Fi 或数据线将测量数据实时导出至手持仪,如此实现道岔伸缩力测试仪实时查看"数据和曲线功能"。团队通过对分机与手持终端间的连接方式对比,发现数据线直接连接手持终端的连接方式故障率高,数据线易损坏,且数据线接口易堵塞;而采用 Wi-Fi 连接方式,虽然经久耐用,但是传输速度不够快,手持仪与分机距离较远时,易造成传输的误码率高。通过团队采用增大处理器功率和减少干扰源头等方法试验,终于克服了这个问题,使得采用 Wi-Fi 连接方式传输速度达标,完美完成了给测试仪增加"曲线查看功能"任务。

成果视频

CN 道岔新型辊轮分解工具

31 CN 道岔新型辊轮分解工具

成果完成人

陈汉青

成果完成人简介

陈汉青，长沙电务段长南高信车间主任，陈汉青劳模和工匠人才创新工作室带头人，曾获火车头奖章、广州局集团公司安全生产先进个人等荣誉。其工作室共获国家实用新型专利 7 项、各类质量管理成果 10 余项，发表论文 30 余篇。

创新成果项目介绍

创新成果简介

CN 道岔新型辊轮分解工具适用于铁路道岔维护与运营维护领域，特别是 CN 型道岔心轨弹性夹持装置的维护与更换。当前 CN 道岔弹性辊轮更换作业中，传统液压机操作费时费力，受环境影响大，效率低，且需多次拆装，工作量大，影响设备正常运行。新设计的便携式、适应性强的专用辊轮取出器，利用特制螺杆与棘轮扳手结合，解决了狭小空间操作难题，提高更换效率，减轻劳动强度，减少拆装负担。本工具的应用，可以有效提升应急响应速度，保障铁路安全，减少道岔故障频次，提升整体铁路系统稳定性，促进铁路高效运营，提升旅客满意度。本成果已申请国家实用新型专利。

创新成果背景

国内外研究现状：国内外铁路道岔维护技术发展迅速，但弹性辊轮更换工具仍依赖传统液压机，效率低下。

已有成果：CN 道岔广泛应用，弹性辊轮设计适应性强，免维护，但更换作业仍受限。

存在难点：传统工具操作复杂，效率低下，空间狭小、液压工具笨重、人力按压难度大，且受限于现场环境，不能满足现代铁路维护的高效要求。

创新成果目标/解决的关键问题

通过技术革新提高工作效率，确保铁路道岔的安全稳定运行。提高作业效率3倍以上，降低劳动强度50%以上，确保设备运行故障率降低10%。

创新成果创新点

创新性：设计了新型的辊轮取出器，采用了创新的机构设计和材料应用，提高了工具的适应性和操作简便性。

及时性：成果及时响应了铁路设备维护工作对高效工具的需求，有效应对了铁路设备的快速增长和维护挑战。

实用性：工具设计考虑了现场操作的实际情况，易于携带、便于操作，符合铁路设备维护工作的实际需求。

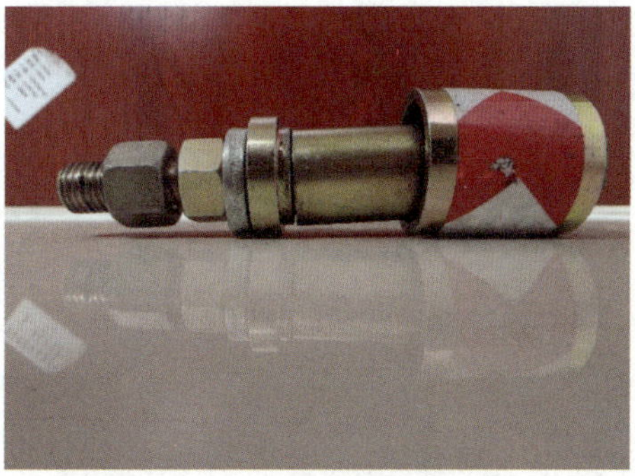

CN 道岔新型辊轮分解工具（主视图）

CN 道岔新型辊轮分解工具（左视图）

CN 道岔新型辊轮分解工具（主拆解图）

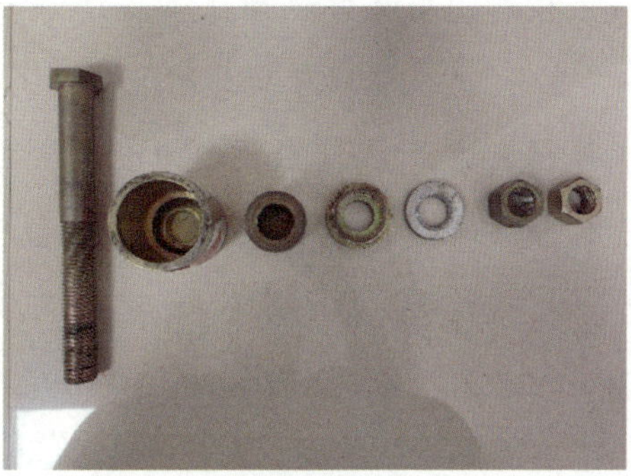

CN 道岔新型辊轮分解工具（俯拆解图）

CN 道岔新型辊轮分解工具作业展示图

攻坚小故事

CN 道岔辊轮分解工具的“瘦身计划”

“陈主任，这 CN 道岔辊轮更换用的液压装置真的太笨重了，提老远就为了拆装个辊轮，每次操作都累得够呛，要是能给这工具也来个‘瘦身计划’那该多好啊！”在紧张的作业间隙，一位满头大汗的作业人员向陈汉青道出了心中的期盼。

陈汉青深知，工具的好坏直接关系到作业效率和职工们的劳动强度。于是，他决定一定要给这个“大家伙”减减负。该怎么办？陈汉青劳模和工匠人才创新工作室的成员们关于为 CN 道岔辊轮分解装置“瘦身”的头脑风暴就此拉开序幕。经过激烈的讨论和筛选，一个新的设想应运而生：转辙机中的滚珠丝杠能带动道岔，为什么不参考螺纹设计一款纯机械结构的 CN 道岔新型辊轮分解工具呢？

通过团队的不断试验，终于克服了这个问题。一款兼具高精度、可逆性和高效率的 CN 道岔辊轮分解工具由此诞生。原本的液压装置至少需要两个人搬运、操作，新型工具往包里一装，一人即可完成辊轮的拆装，完美达成分解工具的“瘦身计划”。

成果视频

S700K 转辙机
拉力调整工具

32　S700K 转辙机拉力调整工具

成果完成人

陈汉青

成果完成人简介

陈汉青，长沙电务段长南高信车间主任，陈汉青劳模和工匠人才创新工作室带头人，曾获火车头奖章、广州局集团公司安全生产先进个人等荣誉。其工作室共获国家实用新型专利 7 项、各类质量管理成果 10 余项，发表论文 30 余篇。

创新成果项目介绍

创新成果简介

S700K转辙机拉力调整工具是针对S700K转辙机的一种新型拉力调整方案及其配套工具,适用于铁路信号维护,特别是针对S700K转辙机的维护与调整。传统拉力调整方法粗放、效率低、易损坏设备,且不能精确满足现场需求。本新型工具的应用大幅提升了现场运维效率,原来一组人员一夜间“天窗”期最多调整10个牵引点,现可调整30个以上,故障率显著降低,保障了高铁安全高效运行。工具设计考虑了人体工程学,便于操作,且不损伤设备,易于在铁路系统内推广。

创新成果背景

国内外研究现状:随着铁路技术的快速发展,对转辙机的运维效率和安全性要求日益提高。国内外研究者针对转辙机的拉力调整进行了多项研究,但多数集中在理论研究和实验室模拟,缺乏现场实际操作的有效解决方案。

存在的阻碍等实际难点痛点问题:传统的拉力调整方法利用现有的工具锤子和平口螺丝刀对转辙机扣件进行调整,受敲打力度和使用工具的锋利程度等人为因素容易影响损坏转辙机,调整效率较低,调整后数据复核工作量大。

创新成果目标/解决的关键问题

经本新型拉力调整工具,拉力调整数值按照一扣为300 N的力为调整基数,使现场运维人员能够在更短的时间内精准地完成更多的工作,拉力调整效率提高50%以上,可预防和减少因转辙机拉力不当导致的设备故障和列车运行安全问题,确保铁路系统的稳定可靠运行。

创新成果创新点

结构设计创新:开发了新型的拉力调整工具,其结构设计巧妙,体积小巧,便于携带,易于操作。本工具全长281.3 mm,最宽处80 mm,整体厚16 mm,由前端圆弧、中部支撑、尾部钩子三部分组成。

调整方法创新:提出了科学的拉力调整方案,包括调整数值的精确计算和扣数的合理安排。拉力调整数值按照一扣为300 N的力为基础,制定调整扣数,并按照紧3扣回1扣的方法进行调整,有效预防拉力调整时导致调整扣件抱死的情况。确保调整扣件的间隙不能小于2 mm,如果小于2 mm,需及时联系厂家避免影响列车运行,极大地节约了运维人员的调节时间,且避免了对转辙机设备的损坏。

测试手段创新:引入了电动拉力测试工具,在摩擦连接器部位进行测试复核拉力调整,实现了在不拆卸动作杆连接销的情况下,快速完成拉力调整的复核工作,测试复核工作 1 min 内可完成。这种方法不仅提高了测试效率，还保证了测试结果的准确性和可靠性。

S700K 转辙机拉力调整工具（主视图）

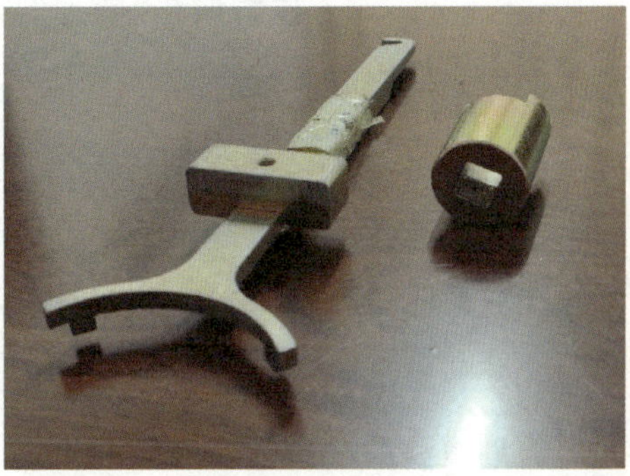

S700K 转辙机拉力调整工具（后视图）

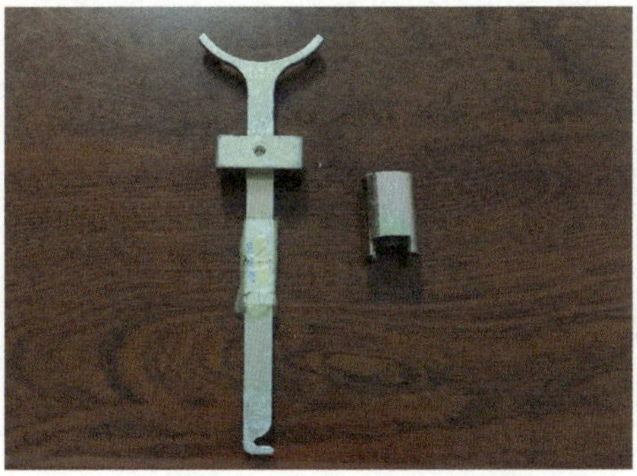

S700K 转辙机拉力调整工具（俯视图）

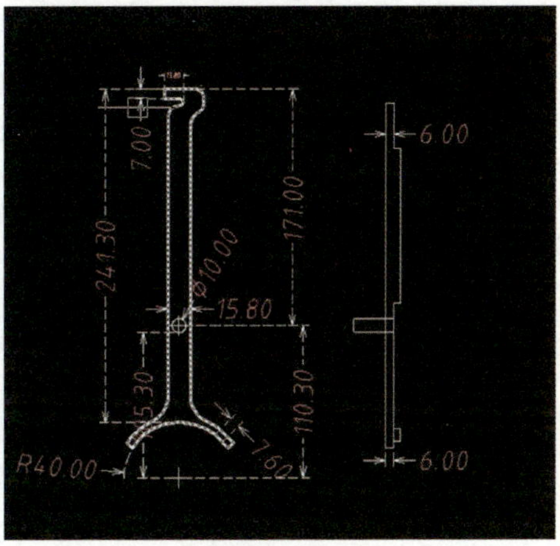

S700K 转辙机拉力调整工具结构说明图（单位：mm）

S700K 转辙机拉力调整工具作业展示图

攻坚小故事

拉力调整“赛道”上的速度与“激情”

“搞不完，根本搞不完！”转辙机更换施工后，工区施工作业人员正在反馈完成情况，“调整拉力已经来不及了，更何况调完还要测试，本来时间就紧张……”

跟班干部、作业负责人沈伦旺将这个情况记录了下来。他知道，S700K转辙机拉力的调整是铁路维护中的一项重要工作，极有可能会影响到道岔顺畅转换。陈汉青也在为此出谋划策，深入作业现场，号召工作室全体成员立刻行动起来。经过反复的研究和实践，工作室终于设计出了一款新型S700K转辙机拉力调整工具，可以快速、精确地调整转辙机的拉力，大大提高了作业效率。

当新型调整工具首次投入到实际作业时，职工们纷纷惊叹于它的便捷和高效。“没想到能在转辙机拉力调整‘赛道’上感受到速度与‘激情’啊！”一位职工兴奋地说道。工作室的全体成员们看着新工具得到了赞扬，心中充满了自豪和满足。他们知道，这是劳模和工匠人才创新工作室的一次成功创新，为行车安全贡献了一份力量！

成果视频

自锁式防松脱信号锁

33　自锁式防松脱信号锁

成果完成人

陈汉青

成果完成人简介

陈汉青，长沙电务段长南高信车间主任，陈汉青劳模和工匠人才创新工作室带头人，曾获火车头奖章、广州局集团公司安全生产先进个人等荣誉。其工作室共获国家实用新型专利 7 项、各类质量管理成果 10 余项，发表论文 30 余篇。

创新成果项目介绍

创新成果简介

自锁式防松脱信号锁适用于轨道交通信号设备领域，尤其适用于铁路和城市轨道交通中各类信号设备的锁具需求。针对现有信号挂锁因材质和结构问题易产生生锈、螺栓松动脱落、断钥匙等安全隐患，影响铁路和城市轨道交通维护效率，本工具提供了有效的解决方案。创新设计出具有自锁防松双重功能的信号锁，采用耐腐蚀、高机械强度复合材料，适配多种信号设备，适应户外高强度振动环境。本工具考虑到现场操作便利性，便于日常维护，无需频繁更换，提升整体信号箱盒设备的可靠性和耐用性，有效减少设备维护次数，降低维修成本，提高运营效率，确保行车安全；减少因设备故障导致的列车延误，有显著的社会效益和经济效益。本创新成果已获国家实用新型专利。

创新成果背景

传统信号锁存在材质易锈蚀、结构不稳定等问题，缺乏针对性设计以适应铁路高强度振动环境。现有技术多集中于基本的锁具改进，但未综合考虑自锁防松、耐久性及便捷操作等因素，且存在因材质选择不当导致的生锈、因结构设计不合理引发的松脱、缺乏有效自锁机制等实际难点问题，影响信号设备安全运行。

创新成果目标/解决的关键问题

解决铁路信号锁在恶劣环境下的易损、易松脱难题。通过新材料与自锁设计革新，确保信号锁在长期高频振动下的稳定性和可靠性，促进技术升级和普及，减少维护成本，提升运营安全，消除90%以上的信号锁松脱隐患。

创新成果创新点

创新性：

（1）自锁设计：自锁弹簧与法兰盘六角螺母相互作用，形成动态防松机制，减少振动引起的松动风险。

（2）U形锁钩与限位螺母：活动锁钩设计增加灵活性；限位螺母确保锁体稳定，提高适配度。

（3）垫片与碗式法兰盘：垫片增大接触面积，保护部件；碗式法兰盘定位自锁弹簧，防卡阻。

实用性：

（1）高强度复合材料锁体：采用耐腐蚀、高机械强度复合材料，延长使用寿命，减少维护频率。

（2）六角套筒钥匙：解锁工具统一化，提高操作便捷性，增强兼容性，降低解锁难度。

自锁式防松脱信号锁（主视图）

自锁式防松脱信号锁（俯视图）

自锁式防松脱信号锁（左视图）

自锁式防松脱信号锁（后视图）

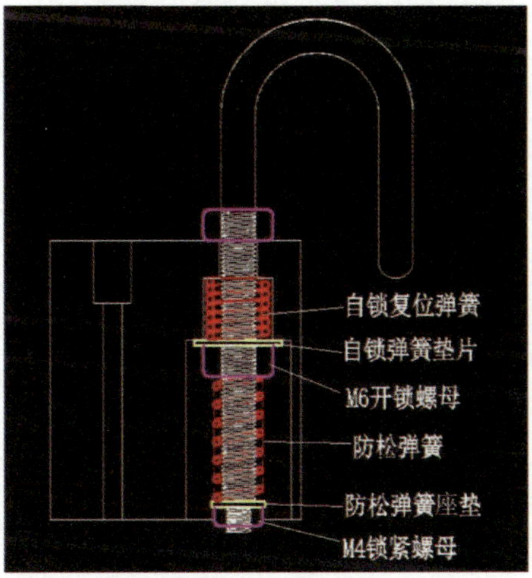

自锁式防松脱信号锁结构说明

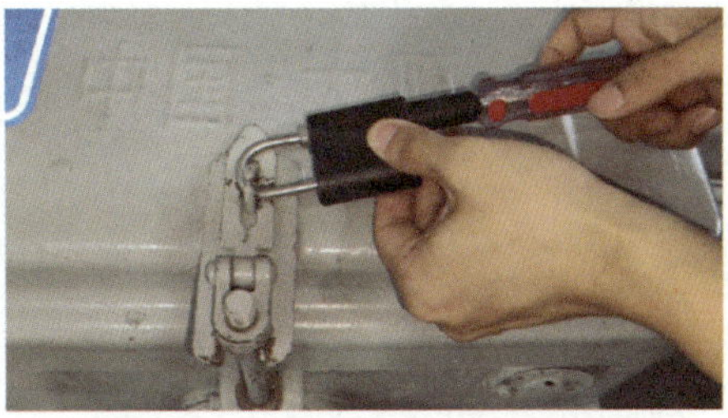
自锁式防松脱信号锁作业展示

攻坚小故事

信号箱盒的"安全大礼包"

"这个信号锁为什么会掉下来呢？大家有分析过什么原因吗？"车间专修技师曾鹏勇在跟班轨道电路集中检修后，复盘发现的各种隐患。"很大一部分可能是因为信号锁本身的材质问题，也有可能是作业人员安装时操作不当。"作业人员分析道。

陈汉青发现这个情况后，立刻意识到问题的严重性。他知道，信号锁是保障轨道旁边设备安全、不侵限的重要部件，一旦失效或掉落，后果不堪设想。于是，工作室的成员们迅速行动起来，他们深入检修现场，仔细观察信号锁的使用情况。经过反复的研究和讨论，他们终于设计出了一款自锁式防松脱信号锁。

"这简直就是给我们各种信号箱盒设备送上了一份'安全大礼包'啊！"自锁式防松脱信号锁投入使用后大家纷纷感叹。这款信号锁采用了独特的自锁式设计，使得防松脱具有了双重保险，同时也成功申请到了国家实用新型专利。在实际应用中，自锁式防松脱信号锁表现出了出色的稳固性和耐用性，有效消除了90%以上的信号锁松脱隐患。

成果视频

提高应答器稳固性

34　提高应答器稳固性

成果完成人

陈汉青

成果完成人简介

陈汉青，长沙电务段长南高信车间主任，陈汉青劳模和工匠人才创新工作室带头人，曾获火车头奖章、广州局集团公司安全生产先进个人等荣誉。其工作室共获国家实用新型专利7项、各类质量管理成果10余项，发表论文30余篇。

创新成果项目介绍

创新成果简介

本提高应答器稳固性的方案适用于铁路信号维护，特别是高速铁路信号系统中的应答器安装与维护领域。旨在解决因极端天气，尤其是冰雪灾害天气导致的应答器松脱故障，维护高铁行车安全与运营秩序。方案内设计了一体化冷镦工艺的新型固定螺杆，增强螺杆韧性；改进螺帽设计，使之适配通用工具；优化尾缆安装方式为垂直走线、尾缆入槽，新式底座设计保护尾缆接口；另外还增设专用防打击装置。本方案的实施让应答器松脱故障率下降 94%，节省了大量应急人力物力，降低了 70% 应急材料成本，保障恶劣天气下铁路安全运行，提升旅客出行体验。创新成果已获国家实用新型专利，小组成员技能与团队协作得到显著提升，为后续技术创新奠定基础。

创新成果背景

国内外研究现状：国内外对于轨旁设备防松脱技术多集中于螺栓紧固与结构加固，但针对冰雪环境下的应答器松脱故障特有挑战鲜有深入解决方案。

已有的领域内创新成果：传统应答器安装与维护技术多依赖于标准螺栓固定，但缺乏针对极端环境的专门防护设计。

存在的阻碍等实际难点痛点问题：冰雪撞击直接导致应答器损坏，螺杆韧性不足，尾缆易受打击，底座设计不足以有效防护，应急处理耗时费力。

创新成果目标/解决的关键问题

针对应答器在冰雪天气中频繁发生的松脱故障，通过创新螺杆设计、尾缆走线优化、底座改良以及增设防护措施，实现故障率显著降低至 50% 以下，提升高铁信号系统的稳定性和安全性。

创新成果创新点

创新性：一体化冷镦工艺螺杆，增强韧性，新螺帽设计兼容通用工具，提高紧固效率。针对性解决极端气候下应答器防松脱难题，技术方案填补行业空白，领先国内外同类解决方案。

实用性：直击高铁冬季运营安全痛点，及时应对冰雪灾害频发趋势，保障春运等高峰期安全。针对应答器防松脱，易于推广，适应现场条件，能大幅提高应急响应速度。

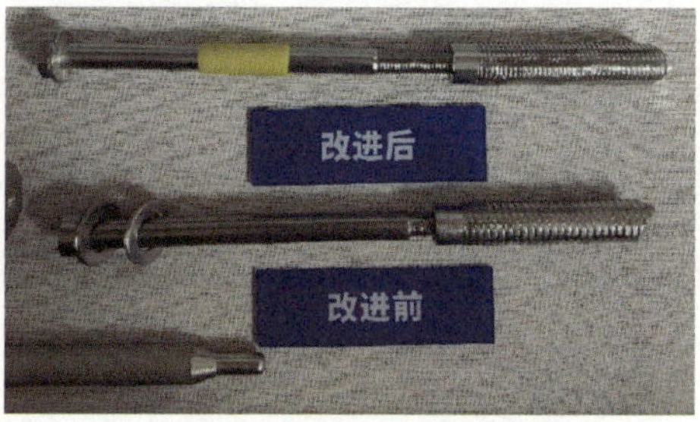

新型应答器固定螺杆

应答器固定工艺

新型应答器底座

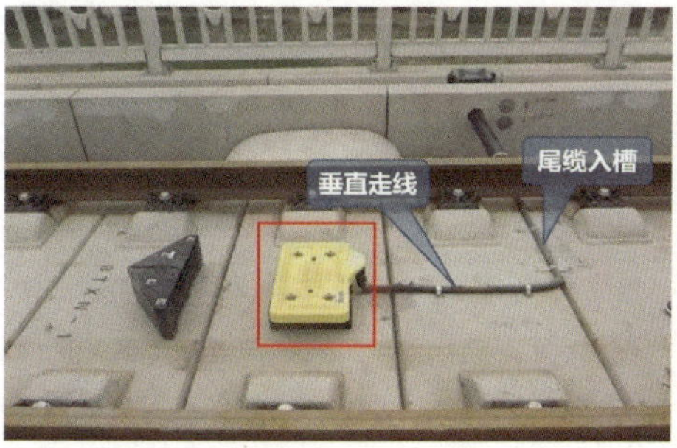

应答器尾缆工艺

应答器防打击装置

应答器防松脱效果

攻坚小故事

大雪中的应答器“守护战”

“呼哧呼哧……真的太难了！”两名大汗淋漓的职工在值守点气喘吁吁，他们刚从区间应急下道回来，门外飘着的冰雪带不走他们的疲惫和担忧：这一下雪，应答器就会被冰碴打击，防松脱怎么就不能坚挺一些呢？

“应答器的稳固性太差了，我们得赶紧想办法解决这个问题。”陈汉青意识到提高应答器稳固性势在必行。他召集车间专修技师曾鹏勇和工作室的骨干成员们，一起分析历年应答器松脱的原因。为了彻底解决这个难题，工作室从小革新、小创造入手，针对应答器本体增加防打击装置；对固定螺杆进行了材质升级改良、加装；对尾缆走线方式进行了改良，减少冰雪接触面；同时还改进了底座的设计，有效保护尾缆。

经过一番努力，新的提高应答器稳固性方案终于诞生了。更令人振奋的是，新设计的固定螺杆还成功申请到了国家实用新型专利，为工作室的技术创新提振了信心。看着经过革新攻关后的应答器在风雪中“屹立不倒”，顺利挺过了2024年初湖南三场大雪，工作室的全体成员倍感欣慰，他们知道，这场大雪中的应答器“守护战”，他们赢了！

成果视频

便携式多功能
电源屏模块测试仪

35 便携式多功能电源屏模块测试仪

成果完成人

王建军

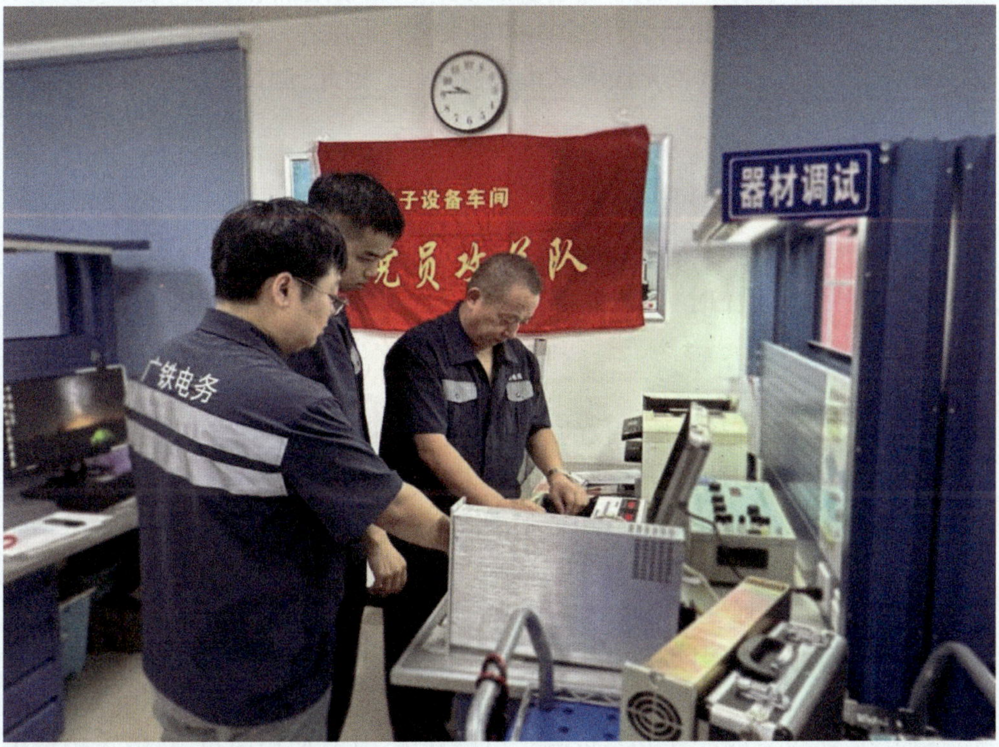

成果完成人简介

王建军，长沙电务段电子设备车间铁路信号工高级技师，曾获广州局集团公司优秀兼职师资、电源屏技能竞赛全能第一名等荣誉。他曾担任长沙电务段信号电源专家组成员，牵头完成的二元继电器测试台加热散热装置获得全国铁道行业质量管理优秀成果奖、广州局集团公司质量管理优秀成果一等奖。

创新成果项目介绍

创新成果简介

电源设备是铁路系统的核心,如何对电源模块进行高效且精确的测试是铁路电务系统职工关注的问题。本仪器致力于实现对电源模块的高效、精准测试,以确保模块上电后能正常工作。

创新成果背景

传统测试仪仅能测试单一厂家的模块,目前站内所用电源屏模块种类繁多。因此,如何在确保准确性的前提下提高测试效率成了关注热点;此外,模块实际工作时输入电压会发生变化,相关规定明确要求输入电压在一定范围内波动时不能影响正常工作,传统测试仪无法测试模块稳定性。因此,测试仪的革新具有重要意义。

创新成果目标/解决的关键问题

解决了现场电源模块种类较多测试不便、无法测试模块稳定性的问题。技术攻关后模块测试所耗工时从 4.3 h/百块降至 2.9 h/百块,改善效果明显。

创新成果创新点

创新性:本仪器在传统测试仪的基础上进行改良,并入多根测试线,实现对多个厂家模块的测量,以此提升作业人员在开展测试工作时的作业效率。

实用性:本仪器通过改良电路的方法实现了对模块的带电测试,其测试数据能够通过测试表上的四个表头进行即时显示。

便捷性:本仪器通过在电路中并入调压器这一手段来模拟电源模块工作电压的波动情况,进而能够测试模块在输入电压发生波动时的输出值,以此判断电源模块的稳定性。

稳定性:本仪器的工作并不依赖于电脑程序,具有使用简单、故障率较低等特性。

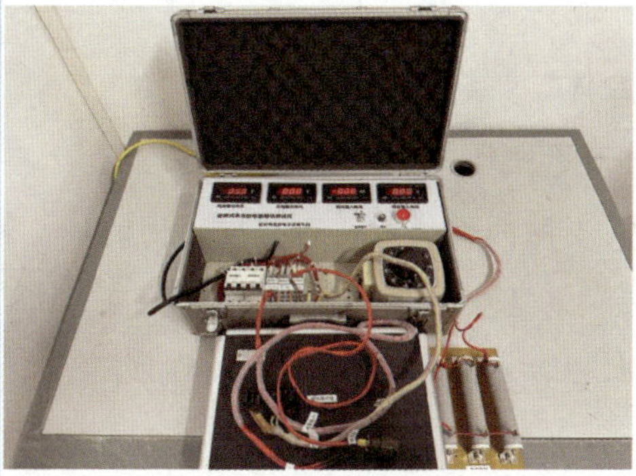

测试仪宏观（俯视图）

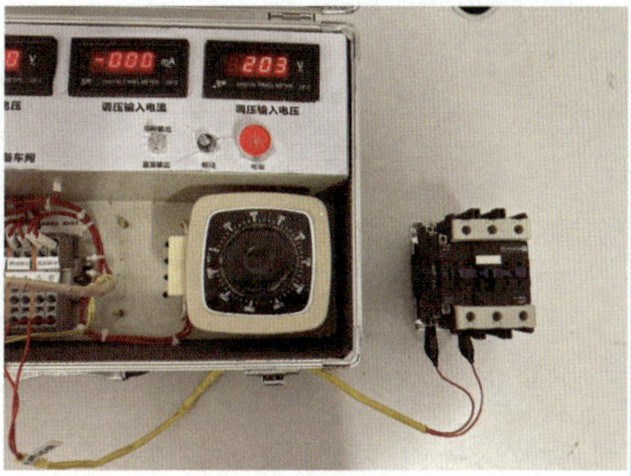

交流接触器测试

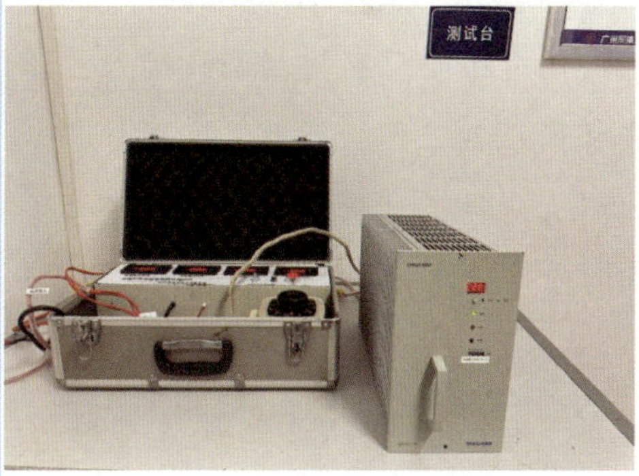

鼎汉模块测试

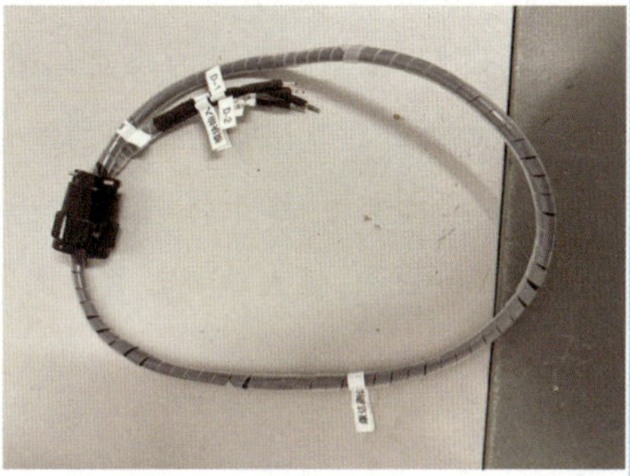

康达模块测试线（航空插头式）

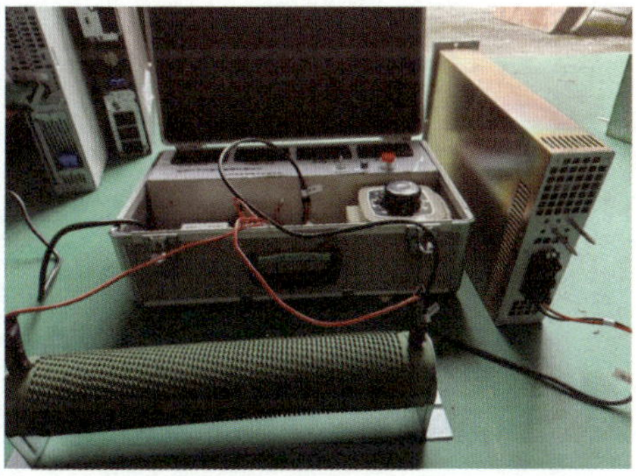

康达模块带载测试（插座式）

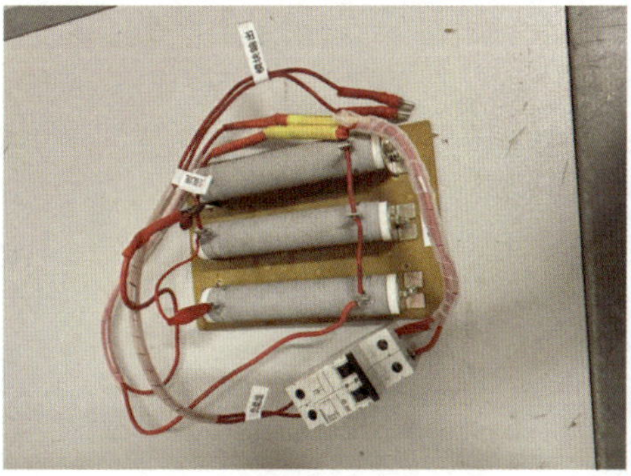

可选挡直流负载

攻坚小故事

把测试仪“合体”

“汉舟,电源屏模块的电气特性测完了没呀,点都快到了。”“还没呢,这个站既有康达模块又有鼎汉模块,不同的模块测试还需要不同的测试仪,事情太多了,40 min 根本就干不完呀!”作业组长王建军听见组员的对话顿时意识到了目前电源屏年检存在的问题——当一个站电源屏模块备品种类较多时,电源屏测试难度会很大。

不同模块的测试区别是他们的测试线不同,那如果一个多功能测试仪上连接不同厂家测试线是不是就可以完美解决这个问题了呢?

王建军立刻将自己的想法付诸行动,他将不同厂家的测试线接入测试仪,并通过变阻器让不同的测试线都能正常工作。经过王建军与小组成员的努力,终于将电源屏模块的测试所耗工时从 4.3 h/百块降至 2.9 h/百块,极大地节省了测试人员的作业时间。

成果视频

实现 GJDT-Ⅱ型直放站电源分路远程监测的模块

36 实现 GJDT-Ⅱ型直放站电源分路远程监测的模块

成果完成人

刘 威

成果完成人简介

刘威，长沙电务段益阳通信车间铁路通信工技师；擅长地面无线通信、综合通信，热爱创新和电子电路的钻研；获得国家实用新型专利 1 项，广州局集团公司电务系统质量管理“推荐行业优”成果 1 项，发表多篇论文并获奖。

创新成果项目介绍

创新成果简介

实现 GJDT-Ⅱ型直放站电源分路远程监测的模块是对 GJDT-Ⅱ型直放站的两路电源实现远程监测的作用。它解决了原设备两路交流供电其中一路停电后,不能远程监控的问题,实现了两路交流电一路故障时,网管端马上就会收到报警,达到消除停电隐患、减少设备故障、简化现场故障判断流程的目的。使用新设计的电路后可以保证设备稳定供电,确保列车运输安全。相比于更换一套全部设备节约近百万元。

创新成果背景

石长线使用的北京希电直放站,由两路交流电源供电。设备原来的工作情况是正在使用的一路电源故障时,可以通过倒换开关自动切换到另外一路正常的电源。但其中一路电源故障、另外一路电源正常使用的情况下网管不能远程监测到停电信息,这会导致当一路停电时不能及时发现,且不能及时恢复该路电,两路交流电互相保护的作用大大降低,给设备带来极大的安全隐患。

创新成果目标/解决的关键问题

一是解决了对 GJDT-Ⅱ型直放站两路电源工作情况的远程监测;二是实现了对两路电倒换开关故障情况的远程监测;三是减少了停电后去现场查验故障的时间、人力成本。

创新成果创新点

新颖性:本成果首次实现 GJDT-Ⅱ型直放站两路电远程监测功能,已获国家实用新型专利。

创新性:利用倒换开关输入电压和输出电压相比较的方法来判断倒换开关故障并上传故障信号,属于全行业首创。

实用性:新设计的监测电路安装和携带方便,结构简单,只需少量元器件就可以实现新的监测功能。

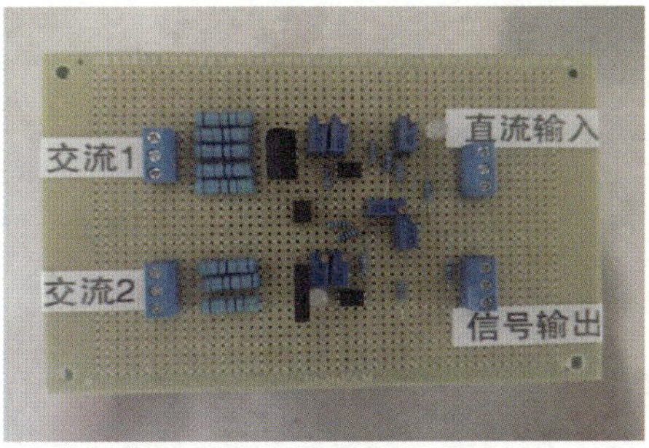

新开发的检测模块电路板

电路板装入电路盒

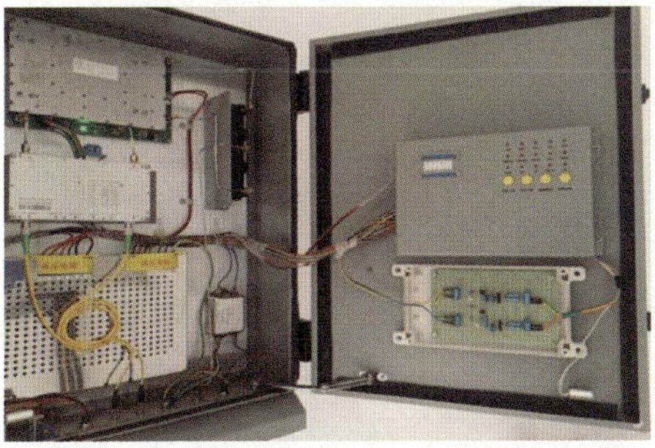

新监测模块接入设备

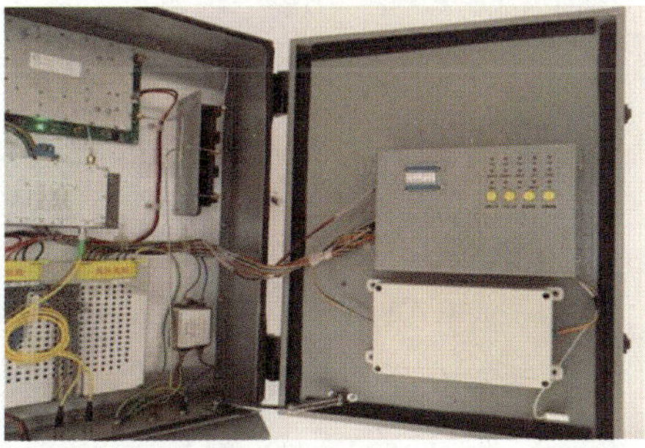

新监测模块安装后盖

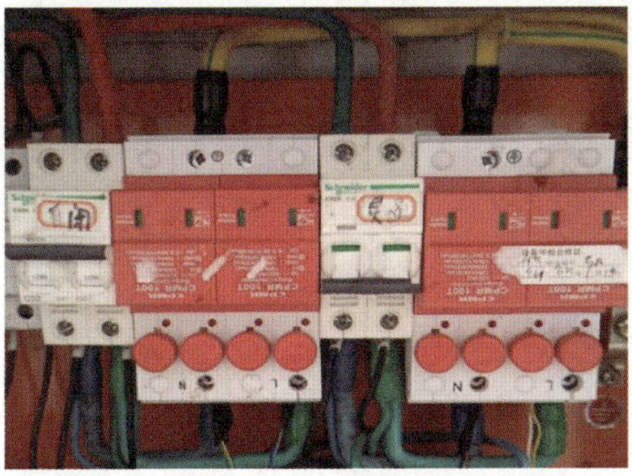

模拟第一路停电

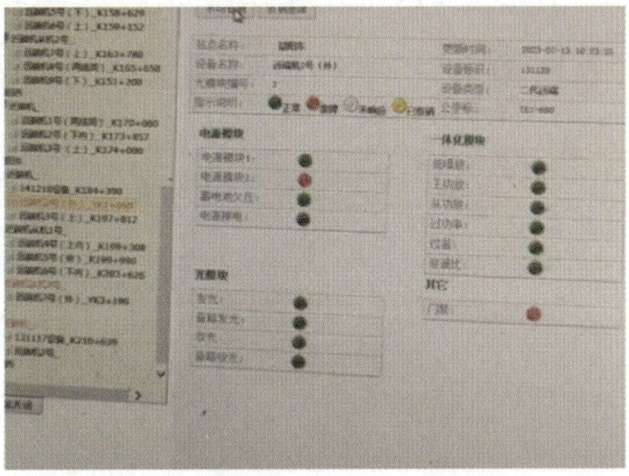

第一路停电后网管界面显示

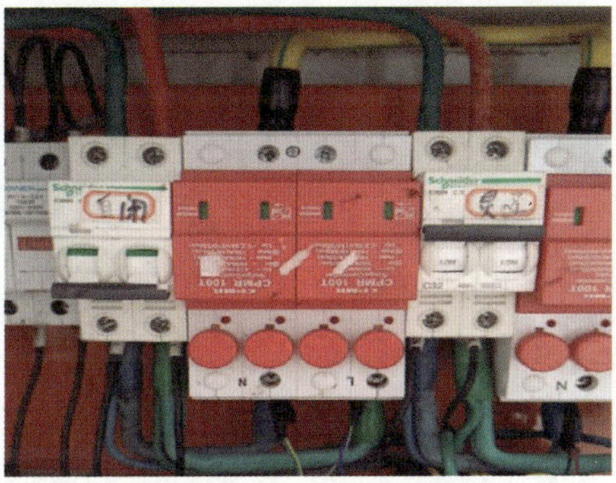

模拟第二路停电

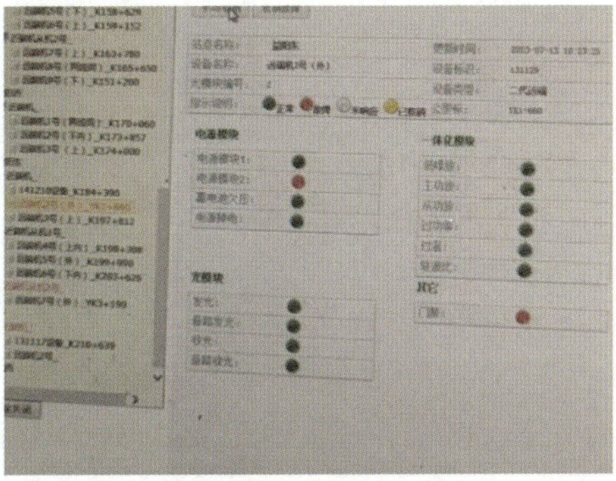

第二路停电后网管界面显示

攻坚小故事

简单实用才是硬道理

“刘工,昨天你要我焊接的电路又因为几个引脚没焊接好,重新焊接时把一块板子和元器件搞报废了。估计得重新焊接。”工区的职工谷伟无奈地说道:“要不你再优化一下电路或者找一些替代的元器件吧,与非门引脚太多容易焊错,还不容易拆卸,小变压器在电路板上不仅布局不美观还容易出现问题。”在制作电路板的时候,工区同事对刘威提出了他们的见解。

刘威听到这个意见,觉得自己忽略了这方面的问题。焊接容易错不仅在现阶段研发过程中拖延了时间,给后续的投入使用也增加了成本。与其在使用中频繁出现问题,还不如现在就解决。刘威立刻在脑海中思索有什么替代元器件可以解决问题,又可以保留电路板原有的使用功能。经过不断试验,最终决定使用整流桥堆、光耦这一方案,这样更容易制作,在减少了元件的同时也规范了电路板上的布局,完成了为电路板制作“减负”的工作。

成果视频

驼峰气动车辆减速器安装加热器

37 驼峰气动车辆减速器安装加热器

成果完成人

邓海燕

成果完成人简介

邓海燕，衡阳电务段衡阳北信号车间工程师，曾获广州局集团公司电务系统职业技能竞赛驼峰信号专业全能第一名、全路技术能手等荣誉。他撰写的多篇论文在《探索科学》等杂志上发表，《衡北驼峰低溜放作业控速误差分析与整治措施》获广东省铁道学会自动化委员会学术论文评审一等奖。

创新成果项目介绍

创新成果简介

本创新成果通过在车辆减速器控制箱安装加热器，确保控制阀箱温度保持在1℃以上，解决减速器三位五通阀电磁阀进、出气口因结冰堵塞的问题，有效预防车辆减速器发生超速、夹停、脱线等安全事故。

创新成果背景

铁路驼峰场以压缩空气为动力源的车辆减速器电磁阀，在冰冻天气三位五通阀阀腔内会结冰，可能导致车辆减速器三位五通阀电磁阀进气口堵塞，造成电磁阀作用不良、三位五通阀动作卡阻，发生车辆减速器不制动、不缓解故障。

创新成果目标/解决的关键问题

驼峰气动车辆减速器安装加热器技术革新成果，成功解决了减速器三位五通阀电磁阀和换向阀进、出气口因结冰堵塞引发事故的技术难题。

创新成果给衡阳电务段安全生产带来了可观的社会效益和经济效益，同时也可给其他编组站驼峰场提供参考。通过可靠稳定的电路设计和安装方案，组织人力、设备、材料等资源的配置利用，解决驼峰以压缩空气为动力源的转辙装置电磁阀、减速器电磁阀因结冰堵塞引发故障的难题。

创新成果创新点

采用独立电力电缆传输线路，独立工频电源模块，增加温控单元。利用既有信号集中监测设备，采集电源模块电压及电流，实现在线监测异常报警功能。

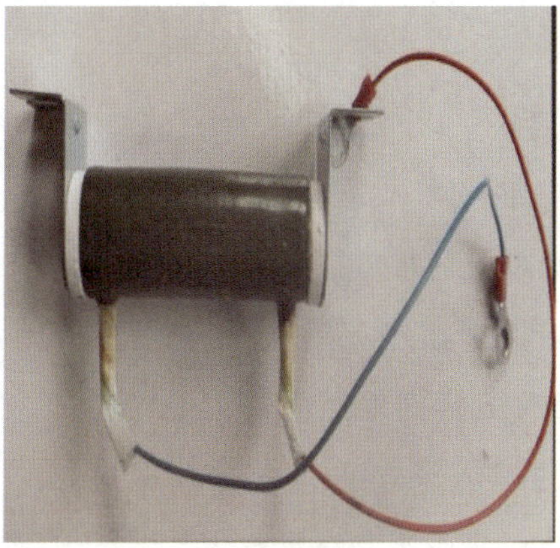

加热器电阻

控制箱安装加热器实物图

输出电源模块

安装加热器融雪效果图

攻坚小故事

融冰利器显身手

铁路驼峰场在冰雪凝冻天气来袭时是驼峰职工最紧张的时候，对维护驼峰缓行器设备的职工来说更是一场极大的考验。

以压缩空气为动力源的调速设备车辆减速器，在冰冻天气，三位五通阀阀腔内的残留冷凝水会结冰，导致三位五通阀电磁阀进出气口因结冰堵塞，造成电磁阀作用不良、三位五通阀动作卡阻，发生车辆减速器不制动、不缓解故障，从而引发超速、夹停、脱线等安全事故。

为了攻克这个困扰安全生产的技术难题，成立攻关小组，克服没有经验、没有图纸、没有资料、没有实物可借鉴等诸多困难，从零开始学着做技术论证，通过积极探索、反复试验，终于成功研发出新一代加热器——"融冰小神器"。

改进的驼峰气动车辆减速器安装加热器，利用高铁的融雪装置原理，在驼峰车辆减速器控制阀箱内的三位五通阀旁安装加热器，成功解决了减速器三位五通阀电磁阀、换向阀进、出气口因结冰堵塞引发事故的技术难题。

2024年1月23日至2月8日期间，湖南的两场大雪来袭，加装了加热器的控制箱上片雪不留。

成果视频

研发 TDCS 通信机日志分析软件

38　研发 TDCS 通信机日志分析软件

成果完成人

唐定君

成果完成人简介

唐定君，衡阳电务段电子设备车间铁路信号工高级技师，自主研发出路由器登录软件、SMP 板卡全自动测试平台、TDCS 数字化模拟盘、实现远程指导更换并配置路由器等多项创新成果。

创新成果项目介绍

创新成果简介

TDCS 通信机日志分析软件依照既有通信机日志分析的逻辑设计，利用计算机强大的运算分析能力，代替人工来完成通信机日志分析工作，避免了因为人的主观因素所造成的错误、遗漏分析的状况发生，同时本软件解决人工分析过程中大量重复繁琐的工作，可大大缩短通信机日志的分析时间，能够快速准确了解 TDCS 的设备工作状态、及时发现设备隐患，保障列车调度指挥系统的正常运行，确保铁路列车运行安全正点，为旅客提供良好的乘车体验。

创新成果背景

TDCS 通信机每小时生成一个约 4 000 行的日志文件，主要由 16 进制文本组成，其内容晦涩难懂，逐条记录着 TDCS 设备的工作状态。目前广州局集团公司各电务段以及 TDCS 厂家都是依靠人工解析方式，由于日志内容量大，分析工作中包含大量重复的解析、筛选、运算流程，所以人工解析方式难度大，花费时间长、其过程异常繁琐。

创新成果目标/解决的关键问题

（1）安全：将其功能由之前主要适用于故障发生之后的原因分析转变成能预防故障发生。

（2）高效：将之前需要 90 min 左右完成的通信机日志分析工作降低至 5 min 完成，同时避免人工分析过程中因为人的主观因素造成错误分析、遗漏分析的状况发生。

（3）快捷：依靠计算机软件代替人来完成大量重复繁琐的解析工作，大大减轻分析人员的劳动强度和分析难度。

创新成果创新点

创新性：将通信机日志文件通过计算机软件以列表和图形动态回放的形式展现出来。开创性运用计算机软件完成大量重复繁琐的分析工作，实现安全、高效、快捷的目的。

实用性：与既有人工分析方式相比，分析数据精准可靠，软件操作简单、效率高，大幅减轻劳动强度，能有效提高 TDCS 设备质量，易于推广实施。

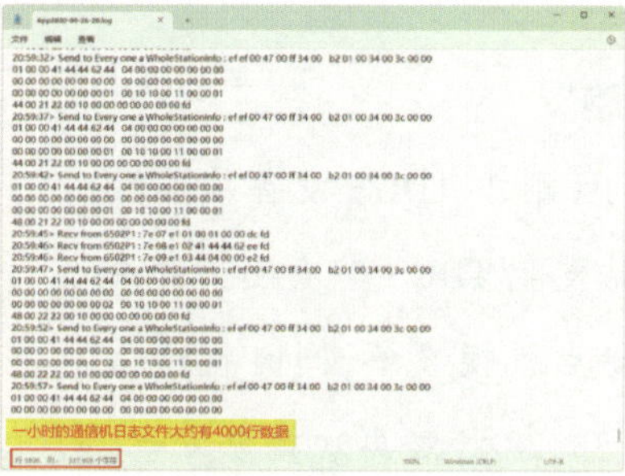

通信机日志原始文件

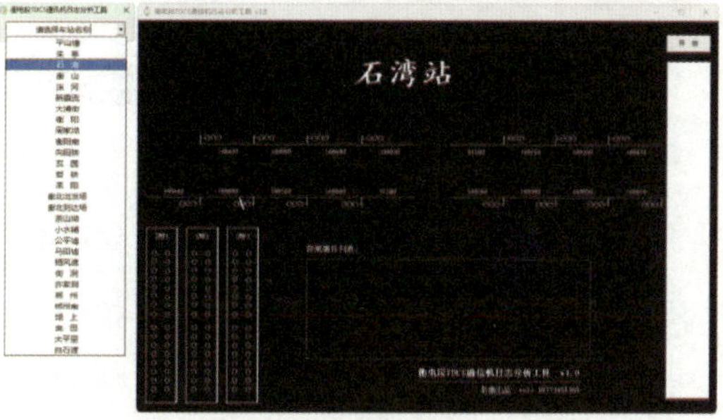

选择车站界面

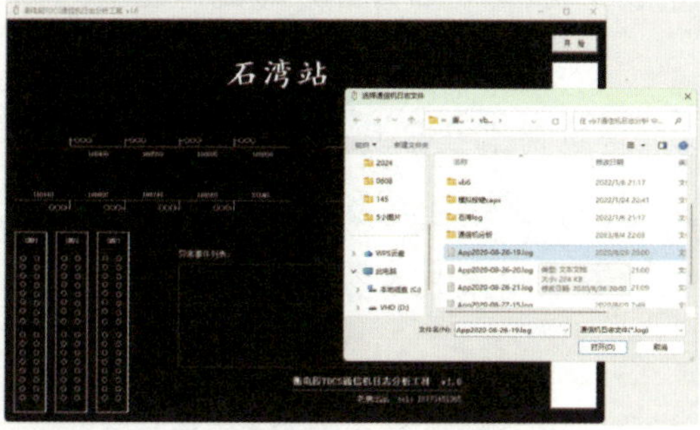

选择日志文件界面

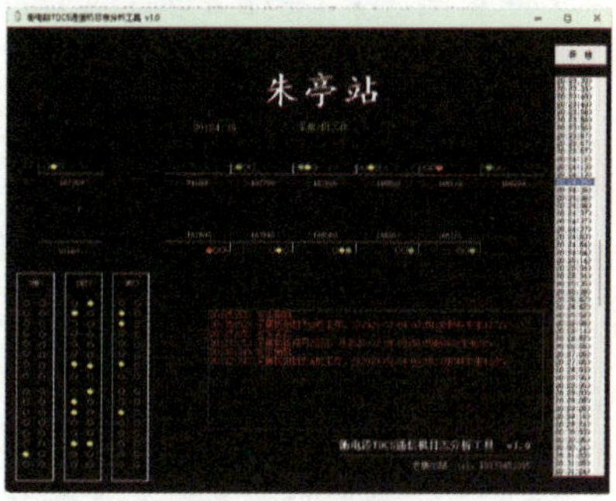

分析日志文件界面

攻坚小故事

"马后炮"变成"马前跑"

"马工,你们的日志分析结果给得太晚了,刚才 TDCS 设备故障又重复发生了。"2022 年 11 月 27 日 21:43 某站发生 TDCS 车次丢失的故障,值班人员判断是通信机问题,指挥现场要点更换设备,同时将通信机日志文件发给 TDCS 厂家技术人员分析。23:28 故障再次重复发生,直到次日 0:38 厂家技术人员马彬才将日志分析结果反馈过来,唐定君急得直吐槽:"现在才告诉我是 CPU 板不良,不能因为你姓马就总是搞些马后炮呀。"

"唐工,接到你们的日志后,我们这边两名技术员赶紧进行分析,一刻也不敢耽误,你也知道通信机日志分析工作量有多大,需要多久的时间。"厂家技术人员马彬委屈说道,"一直以来日志分析只能是作为故障处理完成之后的原因分析。"

面对这种情况,唐定君利用之前开发多个软件积累的经验,将日志分析工作的逻辑、规律吃透,最终研制出 TDCS 通信机日志分析软件。自从使用分析软件后,每个日志的分析时间由之前的几个小时缩短至几分钟,不但在故障处理过程中能够起到快速准确的指导作用,还在日常工作中增加对各车站的通信机日志分析任务,按计划定期对设备做"体检",一些暂未发生的隐患能够提前分析出来,起到了预防故障发生的目的,从此"马后炮"变成了"马前跑"。

成果视频

道岔辊轮调整工具

39 道岔辊轮调整工具

成果完成人

吴亚军 李 涛 郝国海 杨治国 黎宗祥 管明荣

成果完成人简介

吴亚军，怀化电务段怀化高铁信号车间铁路信号工高级技师，曾获全国五一劳动奖章、全国铁路劳动模范、火车头奖章等荣誉。其工作室于 2022 年被中华全国铁路总工会命名为火车头劳模和工匠人才创新工作室，2023 年被广州局集团公司命名为吴亚军铁路信号工技能大师工作室。近年来，工作室取得了 30 多项创新成果，获得国家实用新型专利 8 项，全国铁路青年科技创新奖 2 项，省部级奖 3 项；培育出 4 名全国铁路技术能手、40 多名高级技师，20 多名优秀技能人才走向技术管理岗位。

创新成果项目介绍

创新成果简介

道岔辊轮调整工具利用机械原理将测试离缝间隙的测量、辊轮高度的核算等衔接起来，只要将道岔辊轮高度精测仪放置在滑床板与辊轮处，就能做到道岔辊轮精准调整，精准度达到0.1 mm，本成果于2022年获国家实用新型专利。

创新成果背景

目前道岔辊轮适应性调整主要依靠塞尺检查尖轨与滑板床，再依据离缝数据调整辊轮高度。此操作步骤繁琐，且操作误差较大，不利于道岔精检细修的要求，更不利于新工快速掌握和操作。为提高工作效率，减轻工作强度，创新工作室团队成员制作了道岔辊轮调整工具。

创新成果目标/解决的关键问题

传统调整辊轮最少需要4样工具才能完成测量，本工具利用机械原理将离缝间隙、辊轮高度测试一次性完成。以前一名熟练的铁路信号工调整一组道岔辊轮需要30 min，现在只需15 min，极大提高了劳动生产率。

创新成果创新点

创新性：本工具首次在全路范围实现道岔辊轮调整精度达到0.1 mm。

实用性：本工具在怀化电务段推广使用后，提高了道岔设备的运用质量，道岔辊轮调整问题减少了80%，有力保障了安全生产。

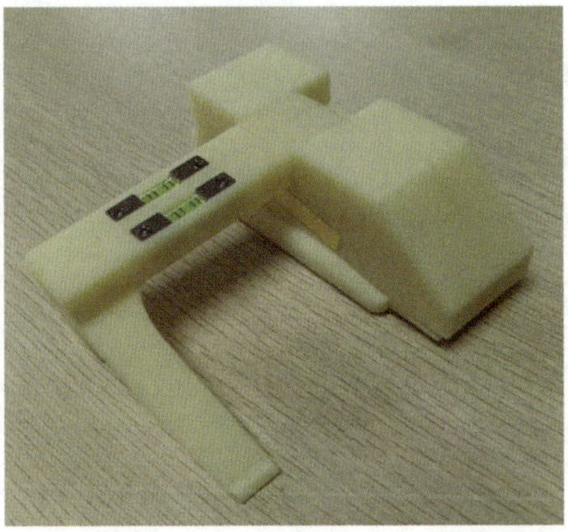

第一代产品

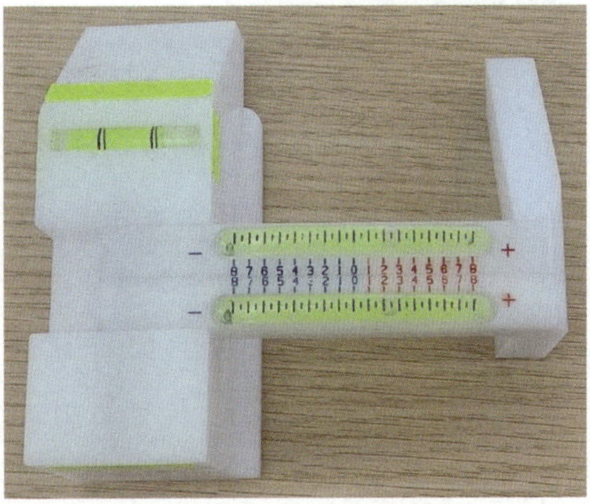

第二代产品

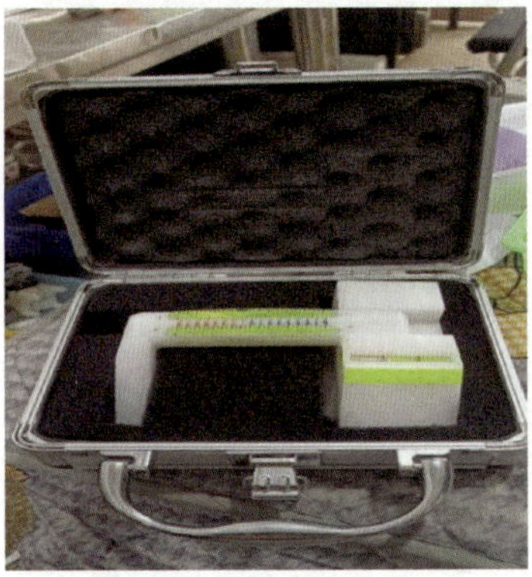

产品收纳盒

攻坚小故事

辊轮作业标准化

“吴工，带新工进行道岔辊轮适应性调整进度太慢了，而且五个组工具也有点紧张啊。”在张吉怀道岔联调联试阶段，大家向道岔联调负责人吴亚军抱怨最多的作业项目之一，就是关于道岔辊轮适应性调整。一组五机牵引道岔总共有12个辊轮组，任何一个辊轮组调整不当都会导致运行时作用不良，均可影响道岔的正常转换。怎样高效、简单、快速地调整好一组道岔的辊轮，是摆在当前的难题。吴亚军带领工作室成员利用休息时间翻阅资料，经过大家反复讨论、多次尝试后，终于研发出了一款高精度的道岔辊轮精测仪。

成果视频

一种基于无线传输和自供电的铁路电缆盒监测装置

40　一种基于无线传输和自供电的铁路电缆盒监测装置

成果完成人

王笑冰

成果完成人简介

王笑冰，海口综合维修段铁路信号工特级技师，王笑冰铁路信号工铁路技能大师工作室、王笑冰劳模和工匠人才创新工作室带头人，享受政府特殊津贴高技能人才，曾获全国劳动模范、第六届“最美铁路人”、全国铁路劳动模范、火车头奖章、铁路工匠、全路技术能手等荣誉，入选国铁集团“百千万人才”工程专业带头人，湖南高速铁路职业技术学院、广州铁路职业技术学院聘客座教授。

创新成果项目介绍

创新成果简介

基于无线传输和自供电的铁路电缆盒监测装置是铁路信号设备室外电缆箱盒浸水监测工装,解决了海南岛铁路信号设备室外电缆箱盒因常年雨季和台风天气浸水后电缆绝缘下降无法准确定位的问题。原有的信号集中监测只能测试出单根电缆芯线绝缘不良,但是无法准确定位浸水的电缆箱盒,本监测装置通过无线传输和定位,能提前检测箱盒浸水,将电缆绝缘下降问题提前预警出来,实现预防修的目标,防止因电缆绝缘问题导致故障影响行车秩序,保障了铁路运输安全稳定。

创新成果背景

现有的电缆检测系统一般都是基于有线传输方式,对浸水电缆盒准确定位和检测依赖既有的电缆芯线,当电缆存在问题时可能造成定位不准和误报警问题,且改造成本高,施工局限性大。

创新成果目标/解决的关键问题

解决了国内对信号设备的电缆箱盒进水情况精准检测的问题,填补了国内本领域的空白。传统的微机监测设备需要在信号楼内施工,电缆芯线进行采集,施工进度慢,在施工中,施工完成的维护中有一定的安全风险。本创新成果,不需要现场施工,不需要利用电缆芯线采集和传输信号。传统的微机监测设备不能重复使用,本创新成果可以重复使用。

创新成果创新点

创新性:创新使用 470 M 频率的无线数据传输原理和自供电工作方式, 基于便携式、模块化设计,简单易操作。

实用性:与既有方式相比,测试数据更全面可靠,简单易操作,大幅减轻作业强度,有效提高维修质量,易于推广实施。

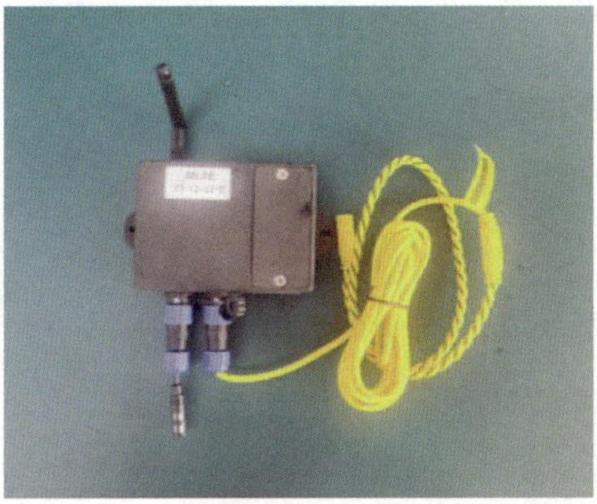

监测模块（主视图）

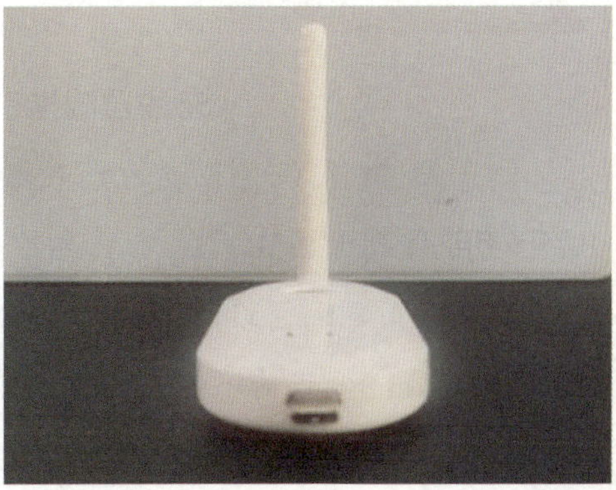

无线模块（正面图）

手持终端（侧面图）

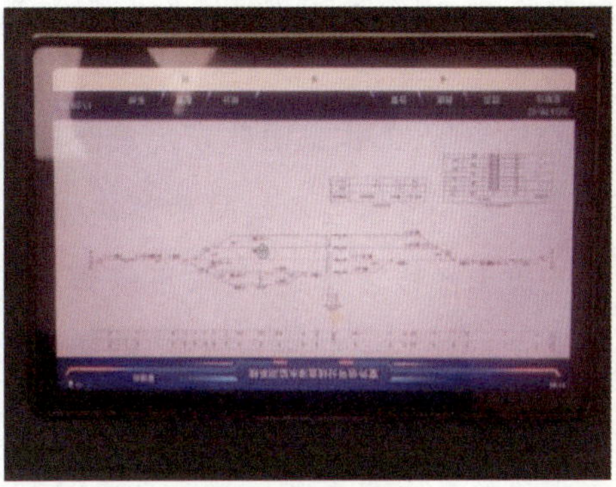

手持终端（俯视图）

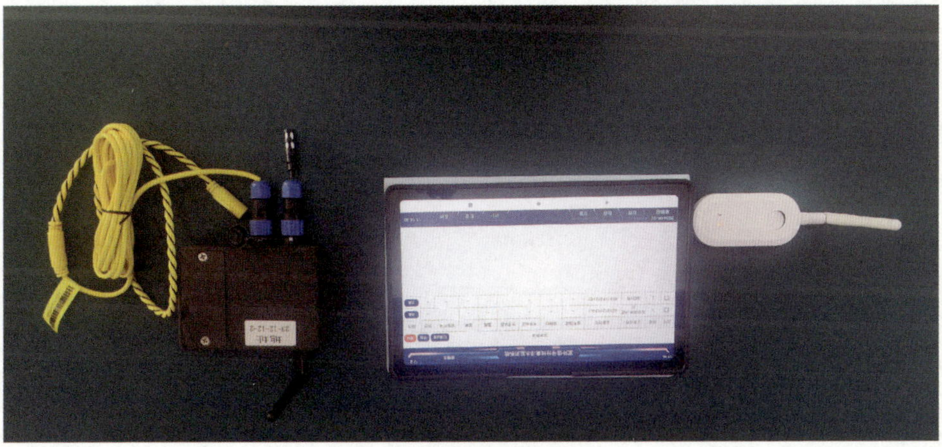

监测装置全套设备（俯视图）

攻坚小故事

无线监测指引精准维修

“王工，雨停了，刚刚通过集中监测测试发现2090G接收端电缆绝缘已经下降到1.2 MΩ了，怎么办？”监测分析员着急地向王笑冰汇报道。“查一下电缆径路图，这对芯线往站外共经过8个电缆盒，最远距本站8.6 km远，目前不清楚是哪个电缆盒进水了。晚上天窗时间紧，又是在区间作业，必须得多派两组人同时上道去开盖检查才行……”每次台风降雨时，王笑冰脑海里总能想起这些话来，要是能准确采集是哪个盒子进水了，那晚上天窗时就能减少人员和汽车出动，减少夜间作业安全风险。

为此，工作室团队多次集合开展头脑风暴，就为了给现场开发提供一种远程浸水监测定位的解决方案。小组成员针对到底采用有线传输还是无线传输模式、是采用轮询还是实时监测方式、采集器设计和供电方式等一一进行讨论协商，期间不乏面红耳赤的争吵，也有对未来运用的展望。通过团队的不断沟通和试验，终于联合制作出了这个基于无线传输和自供电的电缆盒监测装置，通过无线传输和可控轮询采集工作方式，监测着室外各个电缆盒的完好。在每次台风暴雨之后，通过手持终端功能查询，都能高效地指引着现场人员开展精准检查维修。

成果视频

地面感应器辅助测量工具

41 地面感应器辅助测量工具

成果完成人

江印波 王 兵 张 垒 赖明星 罗东锋

成果完成人简介

江印波，广州供电段江门高铁供电车间副主任、工程师、技师，曾获广州供电段2019年度优秀共青团员、2022年度“双文明”先进生产（工作）者，广州局集团公司2022年度优秀青年大学毕业生等荣誉。江门高铁供电车间创新小组曾获2019年和2023年广州局集团公司优秀质量管理小组称号。

创新成果项目介绍

创新成果简介

地面感应器辅助测量工具适用于供电专业,能有效解决现场辅助测量方法落后问题,减少人为测量误差,提高地感器维护水平,保障电力机车自动过分相装置可靠运行。

创新成果背景

有砟线路地感器防护罩出现鼓包变形等情况,且随着运行时间增加,磁感强度也存在逐渐衰弱的现象。对分相地感器测量现状进行调查,发现现场辅助测量方法过于落后的三个方面:一是作业人员利用卷尺搭配水平尺的方式进行测量,不仅需要两个人配合操作,而且容易引起人为误差;二是测量环境中存在磁性的材质,影响测量准确性;三是检修人员未规范使用 HT20A 特斯拉计时,易导致测量误差。各种外部因素叠加导致测量偏差较大,难以反应地感器参数真实状态。

创新成果目标/解决的关键问题

一是选用非磁性材质,减少本体电磁干扰对测量结果的影响。二是强化工具可拆装性,增强便携性,减少不必要的工具携带。三是采用一体式空间定位,提高测量精准性,选定钢轨作为测量参考基准,利用十字线激光定位。

创新成果创新点

创新性:基于非磁性、便携式、一体式设计,简单易操作。开创性运用激光定位,消除线路参数影响,精准定位地感器测量点;设置特斯拉探针固定器,进一步提高地面感应器的测量准确度。

实用性:与既有方式相比,测试数据精准可靠,简单易操作, 大幅减轻作业强度,有效提高维修质量,满足各种线路条件的使用环境,易于推广实施。

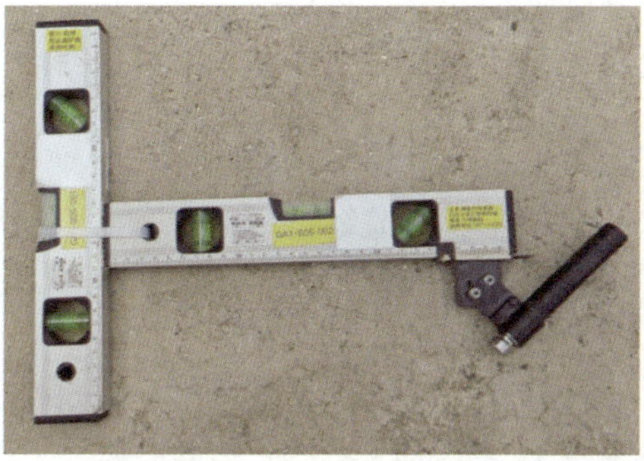

地面感应器辅助测量工具（主视图）

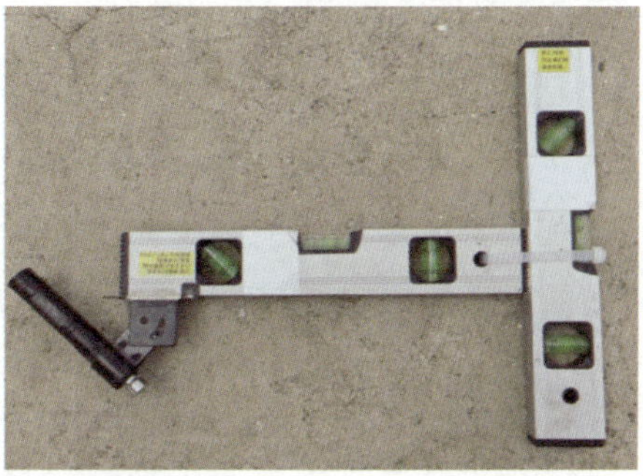

地面感应器辅助测量工具（底视图）

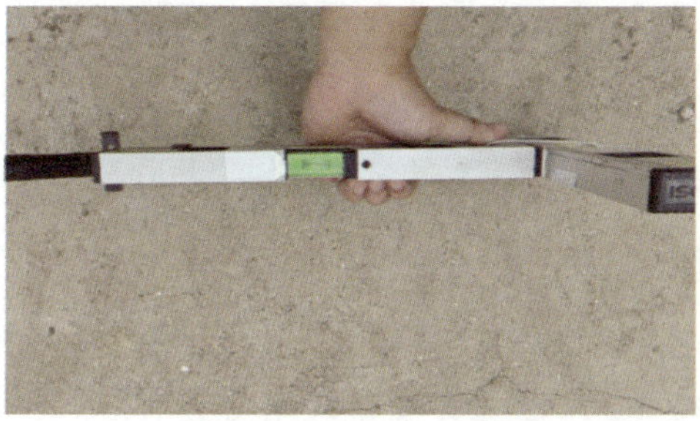

地面感应器辅助测量工具（俯视图）

特斯拉探针固定器

现场应用实拍图

攻坚小故事

给辅助测量工具升级

成果开发中期,小组成员选取车间管内进行地感器测试试验。当安排多人使用辅助测量工具1.0对管内线路坡度最大区间同一地感器进行多次测验时,检测结果显示个人测量误差可控,但是总体标准差不尽如人意。

小组召开讨论会确定要彻底解决测量误差的问题,首先要从消除线路参数影响入手,同时保证测试穿过传感器的磁通量。水平线路方向激光对齐钢轨下沿,以确保测量点与轨面的水平垂直距离;垂直线路方向激光对齐钢轨扣件螺母中心,以确保测量点在地感器中心。在端头设置特斯拉探针固定器,同时粘贴"测量时传感器凸点必须正面朝向磁感器,不得倾斜"工作提示,以确保被测磁场的磁力线方向垂直穿过传感器前端霍尔元件。

经过多次试验,辅助测量工具,终于完成升级,检测结果总体标准差达到预期。

成果视频

卧式(电缆)放线架

42 卧式(电缆)放线架

成果完成人

吴楚权

成果完成人简介

吴楚权,深圳供电段深圳东供电车间铁路电力线路工技师,蔡金水劳模和工匠人才创新工作室骨干成员,曾获广东省五一劳动奖章、广州局集团公司先进生产工作者等荣誉。

创新成果项目介绍

创新成果简介

卧式(电缆)放线架适用于1 000 kg及以下的电力、通信等领域电缆铺设与维护保养工作,在显著提升施工效率和安全性的同时,能有效降低施工成本。

创新成果背景

对于铁路电力1 000 kg及以下的小型电力放线作业,使用传统的立式放线架,存在作业过程中放线架移动不便、操作复杂且需求人数多等问题,导致整体作业效率不高。

创新成果目标/解决的关键问题

一是降低人力成本。与传统立式放线架相比,本放线架可将操作人员由5~6人减少到2~3人。二是提升可靠性和安全性。牛眼万向轴承这一技术亮点可以减少因操作不当而导致的安全风险,提高整体放线的安全性和可靠性。三是实现废旧金属材料的可持续利用。

创新成果创新点

创新性:一是废旧材料的再利用。采用废弃的接触网材料,减少废弃物对环境的影响,降低新材料的采购成本。二是牛眼万向轴承的应用。与传统的球轴承相比,牛眼万向轴承提供了更好的承载能力和多方向旋转灵活性,增强了放线架的稳定性和适应不同施工环境的能力。三是轻量化设计。通过优化结构设计,实现了放线架的轻量化,使得设备更加宜便携,减少了运输和移动过程中的人力和物力损耗。

实用性:一是新型放线架设计考虑了施工现场的多变性,提高了机动性,使其能够快速部署在各种地形条件下,包括山区、野外等复杂环境。二是重新设计后的放线盘操作更加直观简便,降低了对操作人员的技术要求,提高了施工效率。三是通过减少人工需求、提高施工速度和降低维护成本,新型放线架为电力行业提供了一种经济高效的施工解决方案。

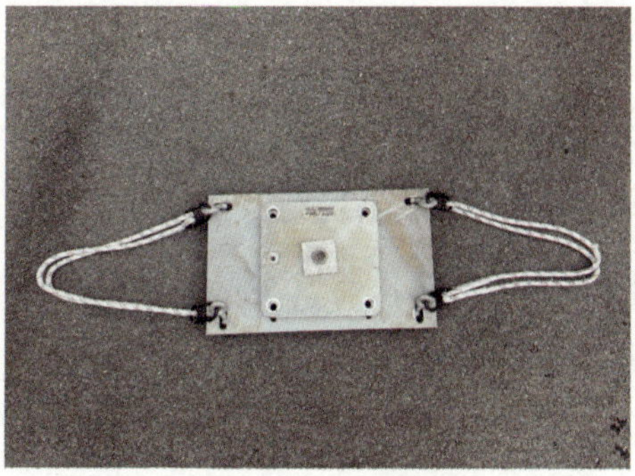

卧式（电缆）放线架（俯视图）

卧式（电缆）放线架（主视图）

卧式（电缆）放线架（侧视图）

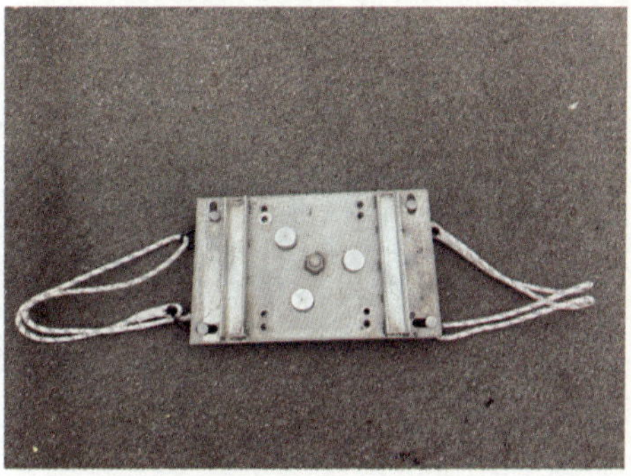

卧式（电缆）放线架（底视图）

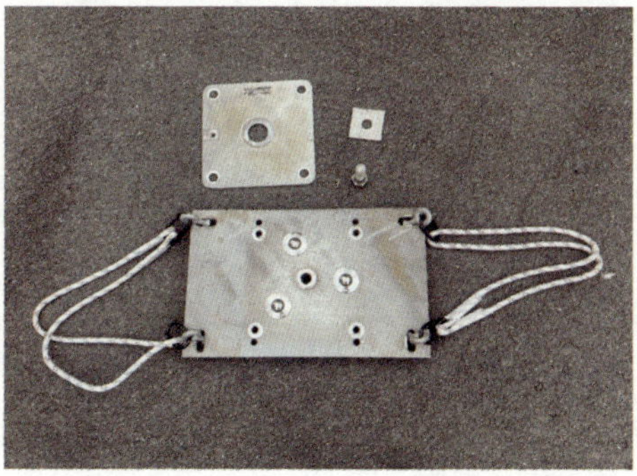

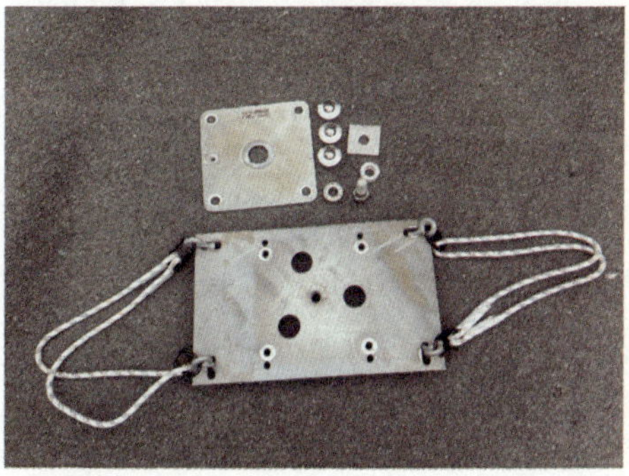

卧式（电缆）放线架拆解图

攻坚小故事

六人的活，三人就可以干了

炎炎夏日，南粤大地万物并秀，草木峥嵘。在繁忙的广深城际线路栅栏外，"一线一缆"电力线更新改造工程正紧张而有序地开展。深圳供电段蔡金水劳模和工匠人才创新工作室的劳模吴楚权正带领一群朝气蓬勃的年轻电力工参与电力放线作业。

"传统的电缆放线方法已经无法满足需求，常用的立式放线架在当下的作业里显得尤为笨重、不灵活，必须得想办法改进。"吴楚权边干边琢磨着这个事。说干就干，吴楚权和他的团队很快确定出课题攻关方向。

攻关过程中，他们利用回收的接触网废弃材料，引入灵活的"牛眼万向轴承"，充分利用原钢板孔洞和电力配件设计出一款新型放线架。这一设计极大提高了人力放线作业的灵活性和稳定性。

"以前需要五六个人的活，现在只需要两三个人了，劳动效率大大提升！"吴楚权说。

成果视频

地面磁感应器
测量辅助工具

43　地面磁感应器测量辅助工具

成果完成人

董　项　林华彬　徐丽娜　张志勇　孙　盛　黎志辉
李　军　宋春声　陈爱华　颜世聪

成果完成人简介

董项，深圳供电段深圳东供电车间接触网工技师，曾获广州局集团公司青年岗位能手、段先进生产者等荣誉。他组织开展的质量管理攻关及现代化管理活动多次获广州局集团公司优秀奖。

创新成果项目介绍

创新成果简介

地面磁感应器测量辅助工具可快速便捷开展测量作业,优化了测量操作流程,避免了测量时需要多人协作的复杂性,提高了作业效率;同时,其结构组成简单,便于加工制造,降低了生产成本,提高了经济效益。

创新成果背景

接触网工区需每6个月对管内地面磁感应器参数测量一次。目前参数测量需2人配合,每个参数测量时间大约需要15 min。但由于管内日常维修任务重、用工紧张,所以整个车间的生产压力非常大。为了提高工作效率,节约人力资源,团队向上级提出了采购能够自动测量地面磁感应器参数设备的建议,以减少人工参与,提高测量的准确性及效率。但目前市面上尚未有此类产品,自此,团队走上了研发之路。

创新成果目标/解决的关键问题

通过研制地面磁感应器测量辅助工具,大幅提升了日常生产中的效率和精准度,原先每次准备测量到测出准确参数大约需15 min,现在仅需1 min即可完成;减少了用工成本,原先需由2人协助测量作业,现在仅需1人即可。

创新成果创新点

创新性:将需要测量的长度与高度进行固定,减少测量环节,提高测量效率。

实用性:与既有方式相比,测试数据精准可靠,简单易操作,减少了作业人员配置,有效提高天窗质量,易于推广实施。

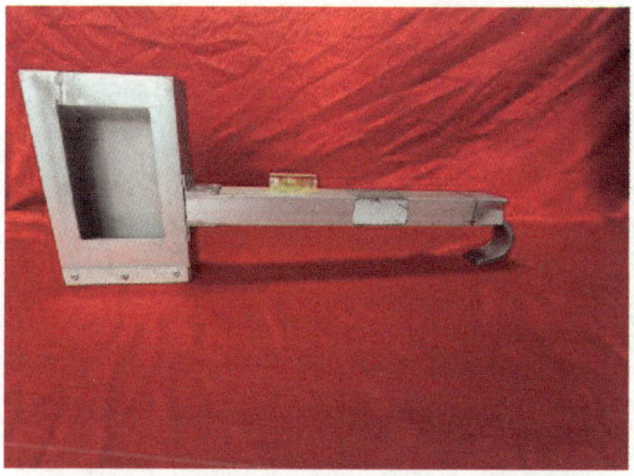

地面磁感应器测量辅助工具（主视图）

地面磁感应器测量辅助工具（侧视图）

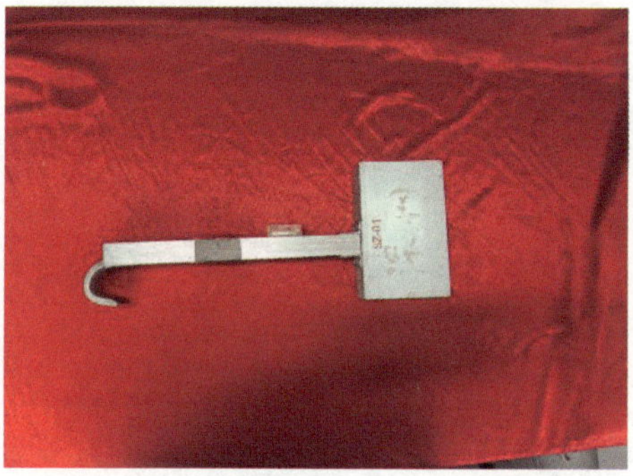

地面磁感应器测量辅助工具（背视图）

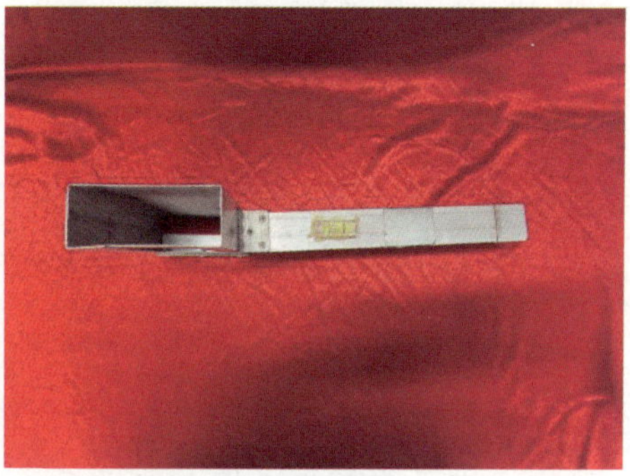

地面磁感应器测量辅助工具（俯视图）

地面磁感应器测量辅助工具现场应用

攻坚小故事

新式地面磁感应器的研发之旅

"水平长度……"周忠旺一边往前走一边嘴里念叨。走在后面的董项禁不住问道:"小周,你走路就走路,在一边絮絮叨叨干啥?"周忠旺回答道:"董工,等下要进行地面磁感应器参数测量作业,我怕记混了,正在默念测量时需要量出的水平长度和垂直高度。"董项说:"别紧张,多干几次就懂了。"周忠旺回应说:"董工,按照规定,我们每年要对地面磁感应器强度进行两次测量,每次都是要两个人,而且用卷尺拉出数值时手又不够稳,要是有傻瓜式的测量方式就好了。"董工点头说道:"这想法不错,我们确实可以尝试做一个测量辅助工具代替繁琐的卷尺测量作业。"

说干就干。董项在单位的支持下,迅速组建了一个攻关团队,风风火火地开展研发工作。

经过一个多月的奋战,一个全新的地面磁感应器测量辅助工具很快便出来了。新工装投入使用后,原本需要 2 个人 10 min 测量的数据现在 1 个人 1 min 就可以完成了。大家纷纷对攻关团队竖起了大拇指。

成果视频

高铁接触网下锚绝缘子更换连接装置

44 高铁接触网下锚绝缘子更换连接装置

成果完成人

罗　勇

成果完成人简介

罗勇，长沙供电段接触网科副科长、工程师，曾获火车头奖章、广铁工匠、广铁技术能手、广州局集团公司科学技术青年奖等荣誉。他曾连续2次获得全国铁道行业优秀奖。

创新成果项目介绍

创新成果简介

高铁接触网下锚绝缘子更换连接装置主要用于高铁接触网棘轮补偿装置下锚绝缘子更换,可有效缩短30%以上的更换用时。通过夹板本体和连接螺栓对接触网棘轮补偿装置平衡轮进行固定,仍可利用棘轮自身的传动比,使得卸载更加省力,同时给下锚连接线夹处预留了足够的空间,使得安装和拆除绝缘子更加方便。

创新成果背景

目前,高铁接触网下锚普遍采用棘轮补偿装置,下锚绝缘子的状态直接关系到供电设备的安全运行。一是接触网下锚绝缘子电气性能下降可能引起绝缘击穿导致供电中断;二是接触网下锚绝缘子机械性能下降产生的断裂、断脱问题可导致接触网线索抽脱引起弓网故障、致使列车停车,严重影响高速列车的行车准点率和运行安全。京广高铁武广段自2009年12月26日开通至今,现已超过11年运营时间,已将下锚绝缘子更换纳入大修计划。

创新成果目标/解决的关键问题

针对管内高铁接触网下锚绝缘子更换大修时间紧、任务重的现状,设定成果目标为缩短高铁接触网下锚绝缘子30%更换用时。与现有技术和方式相比,使用本装置。卸载时只需用夹板直接连接平衡轮,高处作业人员作业区域相对固定,省去了位置调整环节,从而减少了作业时间和劳动强度。

创新成果创新点

新颖性:项目成果在全国属于首创。已获国家实用新型专利。

创新性:优化携带工具的数量,可实现一个工具进行卸载,同时安装各部件简单,相较于之前的连接,在安装时间上大大缩减;便携式设计,模块化操作,使用简单快捷。

实用性:节约更换时间,固化作业流程后减少了作业步骤;降低了作业风险;降低了设备损坏风险,保证设备参数准确。

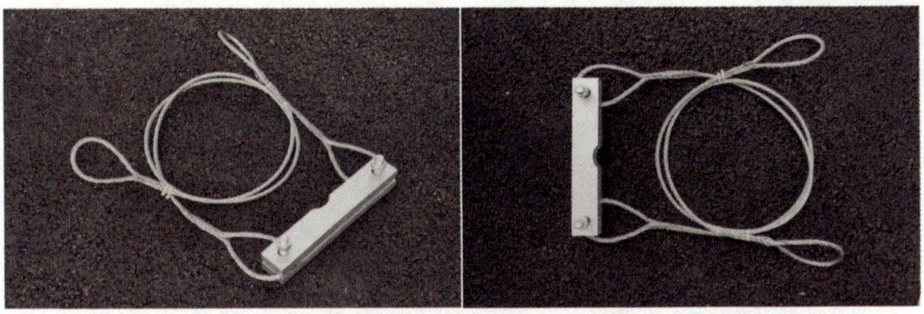

高铁接触网下锚绝缘子更换连接装置

高铁接触网下锚绝缘子更换连接装置安装图

高铁接触网下锚绝缘子更换连接装置卸载图

使用高铁接触网下锚绝缘子更换连接装置更换绝缘子图

攻坚小故事

一“网”无前

“京广高铁有4千多个下锚绝缘子,按这个进度要干到啥时候?现场是啥情况有没有掌握?有没有潜力可挖?能不能开展课题攻关?”

为找到问题症结,罗勇来到练兵场,找到正在备战技术比武的集训队,让大家分组再进行演示,并听取大家的意见。同时,确定下锚绝缘子更换用时过长的两个关键因素,即加载拆卸下锚绝缘子用时和安装受力工具用时。罗勇组织科室成员从“人、机、料、法、环”等方面进行深入分析,大家最终一致认为制作一个专用连接器便可利用一个工具进行卸载,且能简化作业流程。

在接下来的日子里,罗勇带着接触网科的同事总是不停往返于作业现场、练兵场和五金加工厂。功夫不负有心人,通过现场测试,承力索下锚绝缘子更换用时由原来的平均每件用时33 min减少到11.75 min,降幅64.39%;接触线下锚绝缘子更换用时由原来的平均每件用时39 min减少到12.75 min,降幅67.31%。

成果视频

铁路接触网吊弦制作安装用辅助器

45　铁路接触网吊弦制作安装用辅助器

成果完成人

廖俊兴

成果完成人简介

廖俊兴，长沙供电段娄底南高铁供电车间接触网工高级技师，曾获全路技术能手、广铁工匠、广铁技术能手等荣誉。他曾获全国铁道行业及湖南省质量管理管理小组优秀奖9项；培养全路技术能手1人、广铁技术能手3人、高级技师2人、技师20人，9人走上技术管理岗位。

创新成果项目介绍

创新成果简介

铁路接触网吊弦制作安装用辅助器适用于电气化铁路线路接触网不可调式整体吊弦的测量、制作及安装。本装置的使用改变了目前整体吊弦的制作方式，将传统的地面制作方式改成接触网上制作方式，提高了吊弦一次性制作达标率，大大降低了吊弦制作时间，提高了天窗利用率。

创新成果背景

国内现有的接触网吊弦制作方式一般分为两种：一是整体吊弦预制台，吊弦制作较精准，多用于大批量更换吊弦，但无法避免线索弛度变化所带来的误差变化，即使吊弦制作精准，验收时也有不少吊弦点线索高度不达标；二是手工制作，多用于日常检修，因吊弦预制台自身较大、较重的原因无法运至现场制作，发现吊弦出现问题需及时更换时，只能现场手工制作，但此方式效率因人而异，制作的吊弦质量参差不齐，且在处理过程中占用天窗时间较长，影响了天窗利用率。

创新成果目标/解决的关键问题

一是减少吊弦测量程序、免除吊弦长度计算过程，减少制作时间。二是集成吊弦固定制作平台，制作过程中稳定吊弦，方便吊弦制作。三是集成吊弦制作预张力装置，制作中绷直吊弦，保证吊弦制作精度。四是增加免受接触网线索弛度随机误差的功能。五是降低作业人员对吊弦计算、制作的技术水平要求。六是质量非常轻，便于现场维修携带。七是辅助吊弦安装，吊弦安装时装置可稳定线索高度，无需人工持续抬举接触线进行高度调整及线索稳定。八是大量节约成本，大幅度降低因接触线高度不达标而重新制作吊弦的概率。

创新成果创新点

新颖性：项目成果在全国属于首创，本装置获国家实用新型专利。

创新性：改变传统地面预制台、手工制作方式，实现接触网上预制台制作方式，模拟线索弛度、预判弛度变化误差值，集成吊弦制作长度测量、制作、辅助安装等功能，具有便携式设计，模块化操作，使用简单快捷。

实用性：与目前制作方式相比，制作精度与设备相符率、一次性制作成功率更高，降低重复制作率，节约成本，提高工作效率，易于推广实施。

铁路接触网吊弦制作安装用辅助器整体图

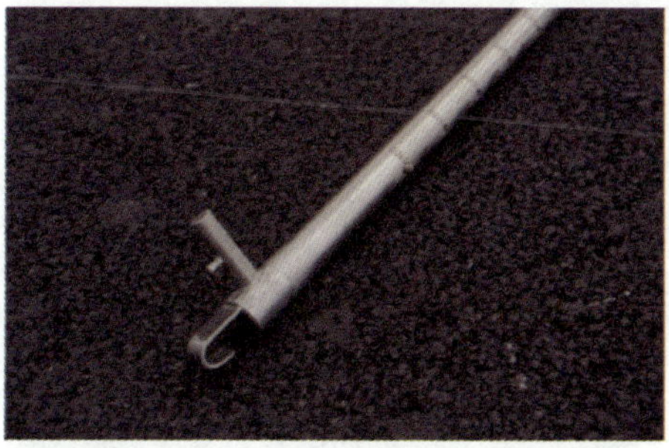

承力索端图

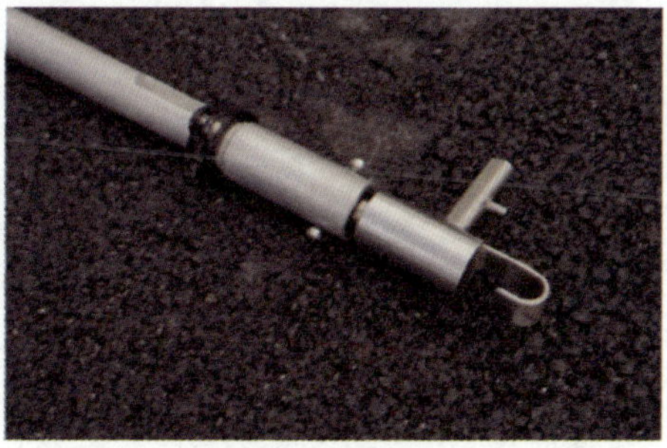

接触线端图

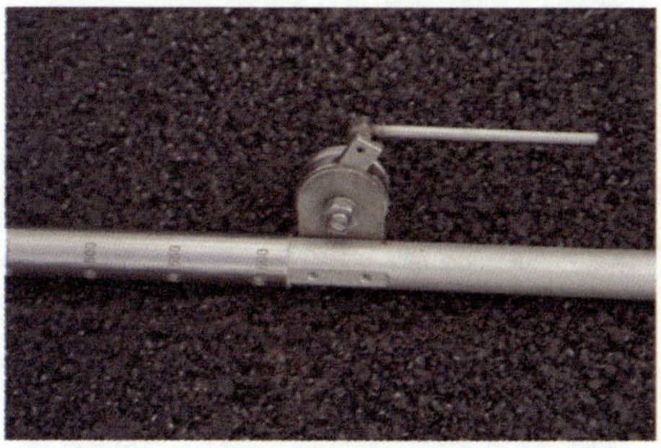

预张力机构图

装置安装图

吊弦制作图

吊弦安装图

攻坚小故事

为吊弦制作过程"偷懒"

"廖老师,这根吊弦长度错了,需要更换!公式有点复杂,总记不住,要不廖老师现场再教一次呗!"

"又要制作吊弦啊?每次都只能手工制作,太麻烦了,又不可能每天几个人抬着预制台开天窗,太重了!"

"……"

听取同事们的意见后,廖俊兴大胆提出要改变现在的制作方式。将预制台从地上搬到网上,利用快速伸缩杆件作为主体,连接固定承力索与接触线,提前模拟线索弛度变化;主体加入微调装置,用于调出接触线高度;所需吊弦长度直接显示在主体上,免除计算;在主体两头加装吊弦心形环固定棒,固定吊弦两端,在主体中下部加装利用单向轴承为主原理的组合部件,拉直吊弦线,绷紧吊弦线弹性弯曲裕度,再进行压接。制作完毕,取下吊弦,利用装置对接触网的固定作用,直接安装,不需人工抬线。装置选取市面常规铝合金材料,使其整重只有几公斤,较现有最小预制台至少减轻几十公斤,成功达到吊弦制作"偷懒"的目的。

成果视频

一种更换供电轨道作业车闸瓦新方法

46　一种更换供电轨道作业车闸瓦新方法

成果完成人

张志坚

成果完成人简介

张志坚，长沙供电段轨道作业车司机特级技师，张志坚劳模和工匠人才创新工作室、张志坚轨道作业车司机铁路技能大师工作室带头人，曾获湖南省劳动模范、火车头奖章、铁路工匠、全路技术能手、最美广铁人等荣誉。

创新成果项目介绍

创新成果简介

传统的轨道作业车更换闸瓦方法需要作业人员在作业车底部作业，而更换轨道作业车闸瓦新方法是通过使用一个专用的定位垫块。使用新方法更换闸瓦时，作业人员在车体侧面作业，将闸瓦从牵引杆座与弹簧之间放入到闸瓦托内，并在闸瓦托底部钢轨上设置定位垫块，使用小撬棍撬动闸瓦托，使闸瓦落到定位垫块上完成闸瓦定位，而后安装闸瓦钎和安全环，完成闸瓦更换。

创新成果背景

闸瓦是轨道作业车制动时直接摩擦车轮使轨道作业车减速或停车的零部件，在轨道作业车制动系统中起着至关重要的作用。闸瓦在使用过程中出现裂纹、掉块或磨损到限就需要更换。随着修程修制改革的开展，轨道作业车的使用率越来越高，作业人员更换闸瓦作业的频次也越来越多。传统的更换闸瓦方法需钻到车底进行更换，存在作业面狭窄、作业劳动强度大且作业时易发生磕碰、挤压等人身安全事故问题。

创新成果目标/解决的关键问题

本方法的使用，成功地解决了采用原有方法导致作业劳动强度大且作业时易发生磕碰、挤压等人身安全事故的问题，同时将本项作业用时由 15 min 缩短到 5 min 左右。

创新成果创新点

（1）作业人员在车体侧面作业，作业空间大，减少了发生磕碰、挤压等人身安全事故风险。

（2）闸瓦依靠自身重力落下来定位，减轻了作业劳动强度。

（3）相较于传统作业方法，作业用时大大减少。

（4）定位垫块结构简单，制作成本低。本方法的作业流程简单，易于推广。

定位垫块正面

定位垫块侧面

定位垫块安装

闸瓦放入位置

垫块定位效果

攻坚小故事

换闸瓦比赛

干净整齐的长沙东轨道车库内，一台作业车正稳稳停在股道上（此段股道没有地沟），创新小组准备进行一场比赛，模拟集中修期间的车辆停在没有地沟的股道上更换闸瓦。

"开始！"只见小组成员黄德锋一声令下。采用更换闸瓦新方法的张志坚蹲在转向架旁，利用闸瓦更换辅助工具开始操作。采用原有方法更换闸瓦的司机黄生智麻利地钻进车底，也开始操作。此时，场地内操作工具的声音此起彼伏。时间指向 4 min 50 s，"闸瓦已更换完毕！"张志坚大声汇报。而此时黄生智刚好将新闸瓦装进闸瓦托，正在从车底往外爬，准备操作调整杆。时间指向 8 min 25 s，黄生智调整到位，更换闸瓦结束。胜负已分，采用新方法更换供电轨道作业车闸瓦取得压倒性胜利。

此时，再看两位操作人员，只见张志坚气定神闲，而黄生智由于钻进车底操作，空间小、用力大，身着的工作服都已湿透了。黄生智笑着说："还是张师傅的方法好，省力、省时，以后换闸瓦就用它。"

成果视频

作业车平台回转制动带弹簧压力测试调整装置

47 作业车平台回转制动带弹簧压力测试调整装置

成果完成人

张志坚　李四军　黄德锋　彭革健　钱　华　彭海石　李伟华　谢　科
李　毅　王继慧　孙俊涛　高　盼

成果完成人简介

张志坚，长沙供电段轨道作业车司机特级技师，张志坚劳模和工匠人才创新工作室带头人、张志坚轨道作业车司机铁路技能大师工作室，曾获湖南省劳动模范、火车头奖章、铁路工匠、全路技术能手、最美广铁人等荣誉。

创新成果项目介绍

创新成果简介

作业车平台回转制动带弹簧压力测试调整装置由测量机构、连接装置和操作机构三部分组成。使用时,先将丝杆的螺母拧入制动带连接杆上,再依次套入支架、环形油缸和推力轴承,最后拧紧操作螺母。当观察到制动带弹簧动作时停止操作,此时压力表读数即为弹簧压力。经多次试验测定制动带弹簧压力应为 3 MPa。

本装置为首创的平台制动带弹簧压力测量、调整工装。应用本装置,可解决接触网作业车平台回转制动带无有效检查工装的问题,有效保证接触网作业车的运用安全。

创新成果背景

作业车平台回转制动装置是使作业车平台保持回转制动的重要部件,一旦失效,在曲线外轨超高地段平台将向曲线内侧自动旋转,严重时会危及行车安全。现有资料未明确平台制动装置相关制动力大小等参数,同时也没有用于测量调整制动带弹簧压力的装置。

创新成果目标/解决的关键问题

本装置解决了现场无测量、调整作业车平台回转制动带弹簧压力装置的问题。

创新成果创新点

(1)本装置能实现对不同厂家、不同时期出厂的作业车平台制动带弹簧压力的测量和调整。

(2)本装置安全性高,使用过程中对原车设备无影响。

(3)本装置结构简单,安装方便,易于推广。

回转制动带弹簧压力测试调整装置

操作示意

攻坚小故事

“工匠，就是牛！”

如何测量平台制动带的张力？这个问题困扰维修工区工长谢科很久。轨道作业车作业平台回转制动装置是使作业车平台保持回转制动的重要部件，靠制动带弹簧张力来进行制动。该装置一旦失效，会严重危及行车安全。对于张力的调整，出厂说明书没有明确要求，而在现场运用中，有司机也反映过平台制动力不够的问题。如何量化张力才能给维修人员在维修时提供一个具体的数值？带着这个问题，谢科找到了张志坚，看有什么办法可以解决问题。

张志坚接到这个问题后，在车库内一蹲就是好几天。只见他不时地操作平台，观察各个动作点，测量各类数据。几天后，车库内只见有人在装配油缸，有人在焊接辅助工具，有人在打磨。渐渐地，一套作业车平台回转制动带弹簧压力测试调整装置逐步呈现在大家眼前。谢科拿着做好的装置走到作业车前进行测试，显示“3.1 MPa”，看着仪表上的读数，第一次得出了张力的数值，谢科向张志坚竖起了大拇指：“你给我们解决了一大实际问题，工匠，就是牛！”

成果视频

多功能高压
环网柜仿真装置

48　多功能高压环网柜仿真装置

成果完成人

王明芳　陈　斯　刘　伟　李红沛　李子颖

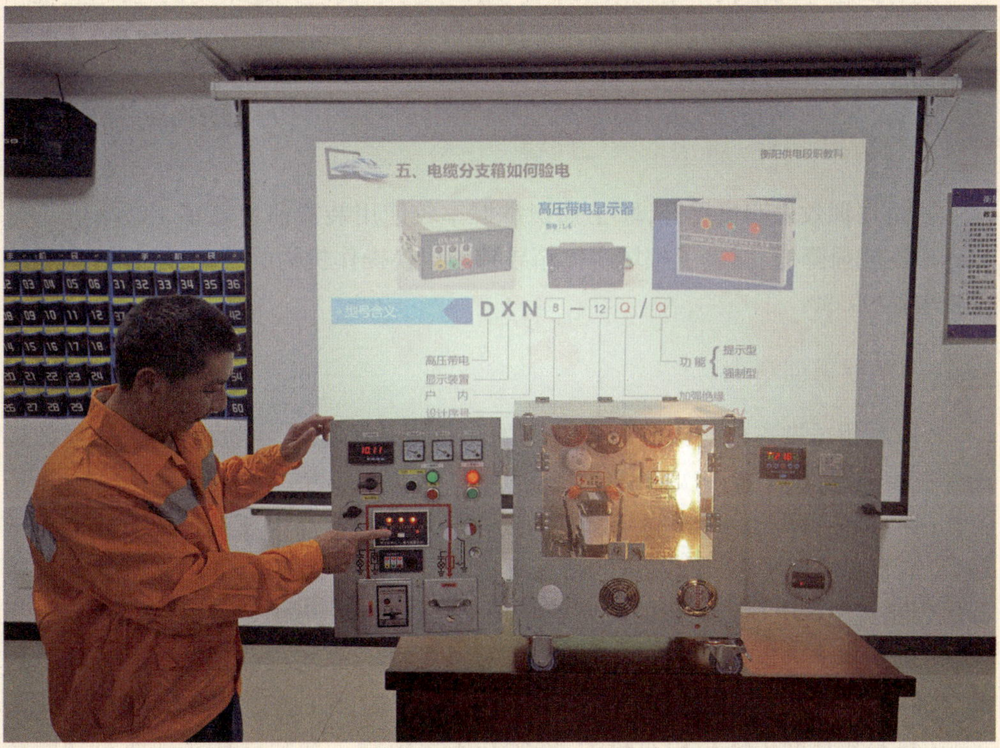

成果完成人简介

王明芳，衡阳供电段电力线路工技师，曾获广州局集团公司优秀兼职师资、衡阳供电段优秀兼职师资、衡阳供电段优秀共产党员等荣誉。他所在团队一直本着"教研一体"的理念，以教辅研、以研促教，积极开展教研创新活动。2021 年至今，团队连续被评为广州局集团公司优秀质量管理小组，连续 2 年被评为铁道行业优秀质量管理小组，其质量管理成果获得 2023 年铁道行业优秀质量管理小组邀请赛优胜奖。

创新成果项目介绍

创新成果简介

多功能高压环网柜仿真装置是一种借鉴高压环网柜的结构、电气原理，解决现场实践教学的装置。本装置实现了对现场设备倒闸操作功能、“五防”功能、带电显示功能、环境控制功能的仿真，有效解决了现场带电设备操作受限、天窗作业教学效能低、实训教学设备维护成本高的问题。

创新成果背景

既有高压环网柜教学培训效果不佳、培训成本较高。经过市场调查，未发现相关仿真教学装置，故需研制一套高压环网柜仿真装置，既能增强培训效果，又能降低培训成本。

创新成果目标/解决的关键问题

一是培训效果明显提升，职工知识掌握率较使用装置前提高了18.4%。二是培训成本明显降低，减少了损坏实体箱导致的更换操作机构的费用，培训成本年均降低率达99.3%。

创新成果创新点

(1)利用单进三出变频器和滤波器的配合来获得稳定、可调节电压的模拟环网柜三相电源，供装置一次回路使用。

(2)高压环网柜的带电显示装置需要在一次回路带高电压的情况下才能正常运行，本装置实现了在没有高压的情况下也能点亮带电显示器的红灯，而且与变频器配合能实现带电显示装置的所有功能。

(3)利用步进电机、电磁铁、语音播放模块的配合来实现高压环网柜操作机构的全部功能，并且解决了操作机构使用寿命短的弊端。

(4)高压环网柜体积相对较大，安装在固定位置。本装置在实现所有功能情况下进行微缩，安装了万向轮和隐形拉手，便于携带。

(5)本装置将显示器的金属盖板更换为透明盖板，使巡视、检修人员能直观地验明电缆分支箱是否带电，保证作业人员的安全。

(6)本成果已申请国家实用新型专利。

多功能高压环网柜仿真装置（主视图）

多功能高压环网柜仿真装置（侧视图）

多功能高压环网柜仿真装置（俯视图）

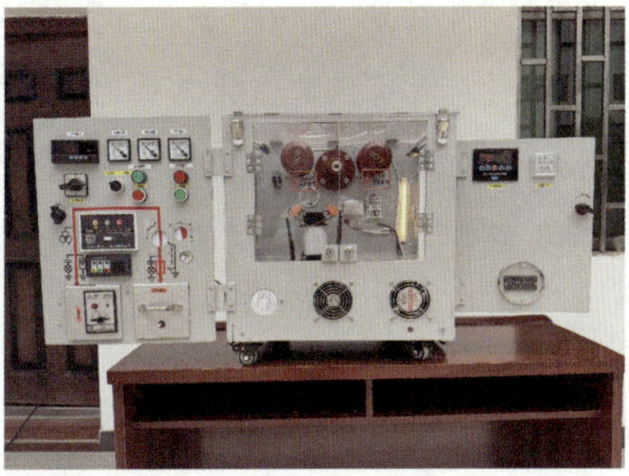

多功能高压环网柜仿真装置（展开图）

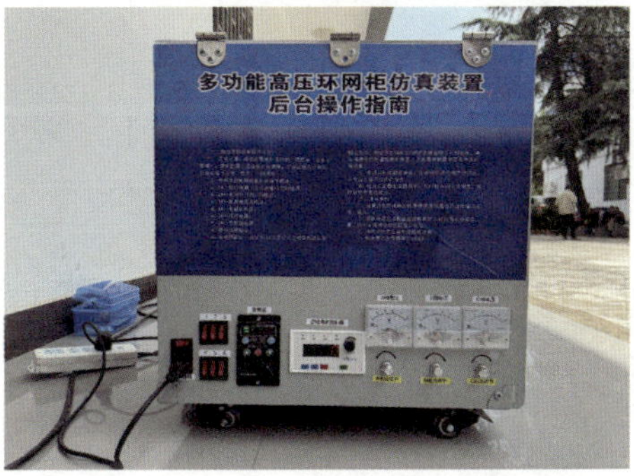

多功能高压环网柜仿真装置后台操作图

多功能高压环网柜仿真装置实作教学图

攻坚小故事

迷你"高压环网柜"诞生记

对电力线路工开展培训时，高压环网柜的操作是一项重要内容，但是目前的教学方法存在局限性，要么采用口头讲述，导致学员缺乏操作机会，培训效果不佳；要么采用教学环网柜，导致操作机构经过频繁操作，容易损坏，使培训增加了不少维修成本。针对这一现状，团队便想着研制一套教学仿真装置，解决这两大难题。

首先就是设计图纸，为了使装置既要达到实际环网柜的分合闸、"五防"等功能，又要具备教学特色，团队用尽了"毕生所学"，翻阅了大量资料。大家经常在休息的时候还在思考电气回路设计，偶尔有了灵感就会立刻起身在草稿纸上画电气图。功夫不负有心人，经过半个月的不懈努力，终于完成了整体设计，之后就是材料及元器件采购、装置主体框架制作、组装调试环节。在历时两个多月后，迷你"高压环网柜"就此诞生。

成果视频

组装式杆上起重
装置

49　组装式杆上起重装置

成果完成人

王明芳

成果完成人简介

王明芳，衡阳供电段电力线路工技师，曾获广州局集团公司优秀兼职师资、衡阳供电段优秀兼职师资、衡阳供电段优秀共产党员等荣誉。他培训指导的学员参加湖南省 2022 年电力线路工技能大赛，2 人获得二等奖、1 人获得三等奖；学员参加广州局集团公司供电系统 2024 年度职业技能竞赛获得团体第一名、全能第一名、实作第一名。

创新成果项目介绍

创新成果简介

组装式杆上起重装置是一种用于电杆上起吊材料的多功能起重装置，使用本装置可有效减轻杆上作业人员的劳动强度，提高劳动效率，也可降低起吊的工器具碰撞电杆的风险，从而保证起吊器材的完好性。本装置的应用进一步提高了工作效率和质量标准，使施工更科学化、规范化。本装置适用于电力线路工杆上实作教学，也可用于电力行业杆上作业。

创新成果背景

现有的电杆起吊器材方式是通过电杆上的人员徒手起吊或由地面人员通过单滑轮改变方向起吊，效率不高且起吊的器材易碰撞电杆造成伤害，给安全生产带来隐患。经过市场调查，未发现相关杆上起重装置，故需研制一套"杆上起重装置"，减少作业人员起吊较重工器具时的体力消耗，使其将更多的精力用于落实作业标准。

创新成果目标/解决的关键问题

一是劳动效率明显提升，工时减少了40.81%。二是高处作业人员的安全风险明显降低，风险项点由之前的5个减少为2个。

创新成果创新点

(1)组装式杆上起重装置的固定底座利用既有的杆顶抱箍改装，安装在电杆上，在抱箍垂直的部分安装轴承组。轴承组插入支撑管，既能稳定支撑管也能使吊臂360°旋转，利于工件到达安装位置。

(2)吊臂设计成"亻"形，可调长度吊臂与支撑管的夹角为135°/45°，用以分散吊臂的应力，从而增加起吊重量及装置的稳定性。

(3)根据起吊工件的重量可安装动滑轮与吊臂组装成滑轮组，省力50%。

(4)本成果已获国家实用新型专利。

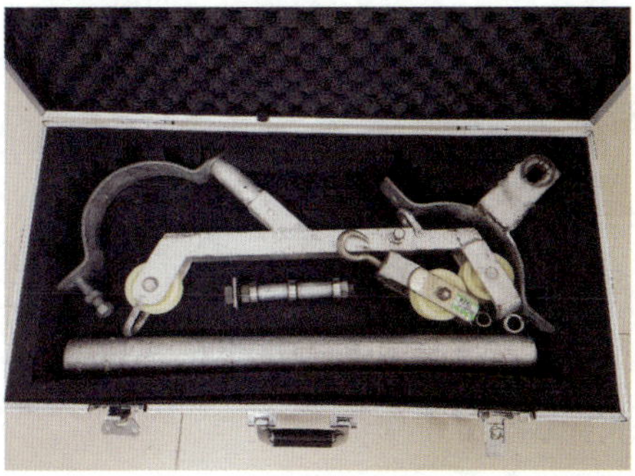

组装式杆上起重装置收纳图

组装式杆上起重装置地面组装图

组装式杆上起重装置固定底座安装图

组装式杆上起重装置杆上使用图

攻坚小故事

灵感源于现场，创新用于现场

在一期电力线路工实作培训班中，学员对"GW4 隔离开关(含托架)安装"这一项目抱怨道："天气这么热，还要在电杆上做'硬拉'！"因为隔离开关较重，三组隔离开关(含托架)的质量超过 100 kg，虽然是分别吊装，但重复安装、拆除，体力消耗大，实作训练效果不佳。

王明芳心想，要是在电杆顶上安装一套杆上起重装置，学员在起吊较重工器具时就能省力不少，还能有更多的精力用于对安装标准的掌握，增强培训效果。

有了这一灵感，王明芳立马开始研制，他借鉴了市场上已有的微型起重机结构，再根据电杆杆顶形状、尺寸开始设计制作。制作完成后，在电力线路工实作培训、现场作业中经过试用，得到了使用者的一致好评，纷纷表示使用了这套装置既提高了效率，又降低了安全风险。

成果视频

接触网横担柱式
AF 绝缘子更换工具

50 接触网横担柱式 AF 绝缘子更换工具

成果完成人

李洪斌

成果完成人简介

李洪斌，怀化供电段溆浦南高铁供电车间高级技师，曾获广州局集团公司优秀共产党员、先进生产者、最美怀供人、怀化供电段先进个人等荣誉；完成广州局集团公司科研成果 1 项、广州局集团公司优秀质量管理成果 2 项、全国铁道行业优秀质量管理成果 2 项，获国家实用新型专利 1 项。

创新成果项目介绍

创新成果简介

接触网横担柱式 AF 绝缘子更换工具适用于供电接触网专业,可以安全可靠卸载 AF 线的综合负载,解决了现场更换横担柱式 AF 绝缘子或护线条时,因作业面狭窄,线索卸载作业时间过长对作业人员造成人身安全威胁的问题。本工具已申报国家实用新型专利,现已在怀化供电段管内沪昆、张吉怀、黔常线推广使用。本工具可以采取 1 人高处作业,且作业人员加地面人员仅需 2 人。测算得知每年总计节约成本 13 万元。

创新成果背景

横担柱式 AF 线是通过柱式绝缘子架设的,该绝缘子承受着 AF 线较大的垂直力,另在曲线区段或隧道口转角处,还承受着较大的横向张力。当绝缘子出现闪络、破损及护线条破损等状态不良情况时,直接关乎供电安全,必须对其进行更换。故障处位于肩架最外侧 8 m 以上的高处,作业面狭窄,不能满足既有卸载工具的使用条件,只能采取单兵登杆的方式作业。因此,对作业人员体力要求极高,卸载线索难度及作业安全风险极高。

创新成果目标/解决的关键问题

本工具由通用调节支架和三套不同类型的固定底座组成。一是调节支架由调节螺纹杆组成,可以自由调整 AF 线的高度和左右位置,将 AF 线固定在需要的位置,解决 AF 线对作业人员人身安全威胁的问题。二是工具固定底座针对不同横担槽钢类型,设计不同的卡扣底座,底座和支架间的连接可以互换,解决不同横担槽钢安装的问题。三是通过使用更换工具可以减少 1 名高处作业人员。

创新成果创新点

新颖性:采用传统作业方式更换绝缘子或护线条时没有辅助工具可用,创新后的工具能将 AF 线固定在一定的空间位置。

创新性:本工具借鉴汽车引擎吊机原理而设计,各连接部件之间采用螺栓销连接,简单易操作。开创性运用调节螺纹杆加卡扣底座连接的方式,既使用方便,又安全可靠。

实用性:与传统作业方式相比,使用卸载支架后安全可靠,大幅降低作业人员的人身安全风险,减少作业时间,满足高铁接触网更换绝缘子或护线条时无辅助工具可用的现状。本工具满足各条线路使用环境,易于推广实施。

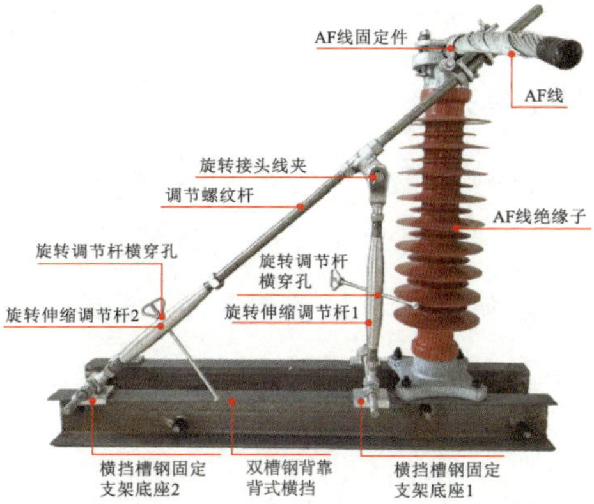

双槽钢背靠背式横担 AF 线卸载工具（主视图）

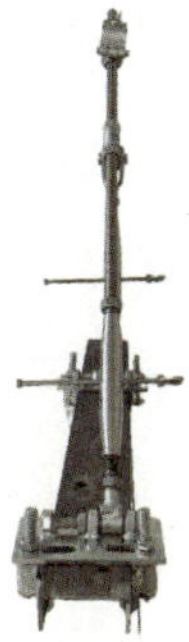

单槽钢俯卧式横担 AF 线卸载工具（左视图）

侧卧式横担 AF 线卸载工具（主视图）

俯卧式接触网横担 AF 绝缘子更换工具展开平面图

双槽钢背靠背式接触网横担 AF 绝缘子更换工具现场使用图

攻坚小故事

给 AF 绝缘子更换工具升级

成果开发中期，李洪斌选取车间管内 AF 绝缘子进行更换时，总体上可以将 AF 绝缘子进行更换，且更换的时间已经达到了预定目标，但是 AF 线固定夹具在搬运过程中容易掉落，使用时不好控制位置；工具支架与固定底座连接在下部的紧固螺栓上，底座在装拆过程中容易使卡扣掉落。

李洪斌马上召开讨论会确定要彻底解决工具存在的问题：一是将 AF 线固定夹具改成了合页盖板安装方式，通过螺帽旋转安装固定在调节螺纹杆上。二是在固定底座上部焊接两个螺帽，工具支架安装在固定底座卡扣的上面，通过螺栓销进行连接。再次进行试验时很好地解决了上面发现的问题，可方便快捷地对 AF 绝缘子进行更换。

成果视频

接触网锚支定位
缺陷处理卸载工具

51 接触网锚支定位缺陷处理卸载工具

成果完成人

李 松

成果完成人简介

李松，怀化供电段张家界西高铁接触网维修车间高级技师，曾获火车头奖章、全路技术能手、广铁工匠等荣誉；完成广州局集团公司科研成果 1 项、广州局集团公司优秀质量管理成果 5 项、全国铁道行业优秀质量管理成果 3 项，获国家实用新型专利 3 项、外观专利 1 项。

创新成果项目介绍

创新成果简介

接触网锚支定位缺陷处理卸载工具适用于供电接触网专业,本工具采用伸缩调解和绞线盘原理,已申报国家实用新型专利。本工具现在已经在段管内沪昆、张吉怀、怀衡线推广使用,采取人工作业且作业人数仅需 2 人,比以往作业减少 4 人,每年可节约成本 30 万元。

创新成果背景

接触网锚支定位线夹是锚段关节转换柱处非支接触线与非支定位管的固定部件,该处承受了非支接触线较大的水平张力和垂直负载。在日常检修过程中,一旦出现锚段关节水平距离需调整或锚支定位线夹受力面安装错误等锚支定位缺陷时,尤其是接触线水平张力朝向腕臂侧的安装方式,导致定位管端部余量不足,不具备卸载葫芦的使用条件,需采取在定位管末端加长葫芦行程或在邻线连接受力工具等措施,作业难度极大且安全风险极高。

创新成果目标/解决的关键问题

本工具由长度 500 mm、管径 ϕ30 mm 不锈钢闭口式棘轮摇把调节的水平负荷卸载装置和不锈钢 500 磅绞线盘的垂直负荷卸载装置两部分组成。一是可以安全可靠卸载锚支接触线,将接触线固定,有效避免线索弹出造成作业人员的人身安全威胁,极大地降低了作业人员的安全风险,由传统的 7 项作业流程降低为 3 项。二是使用工具后,作业人数由 6 人减少至 2 人,提高了劳动效率。

创新成果创新点

创新性:本工具借鉴支柱整正器和拉链葫芦原理而设计,分别伸缩调节支撑杆和手摇绞线盘,可以使锚支接触线处于所需的空间位置,从而达到整体卸载的目的。

实用性:与以往作业方式相比,使用新工具能减少作业人数,提高劳动效率,减轻劳动强度,缩短平均作业时间,同时降低作业人员安全风险。本工具可满足各条线路使用环境,易于推广实施。

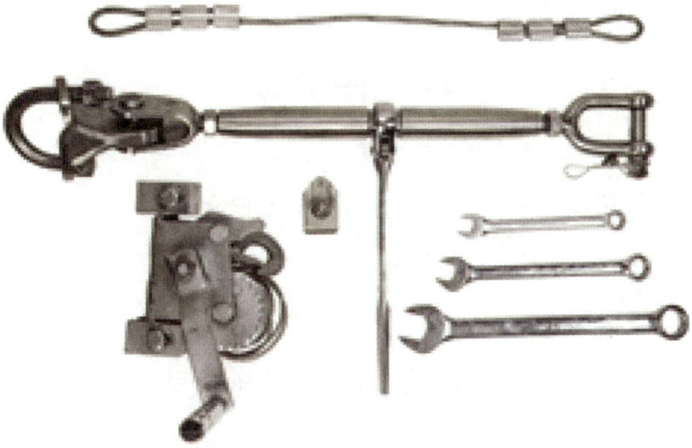

接触网锚支定位缺陷处理卸载工具

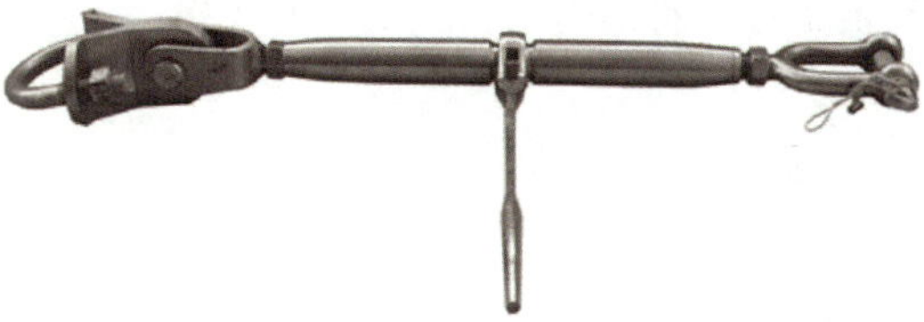

接触网锚支定位缺陷处理卸载工具（俯视图）

接触网锚支定位缺陷处理卸载工具（左视图）

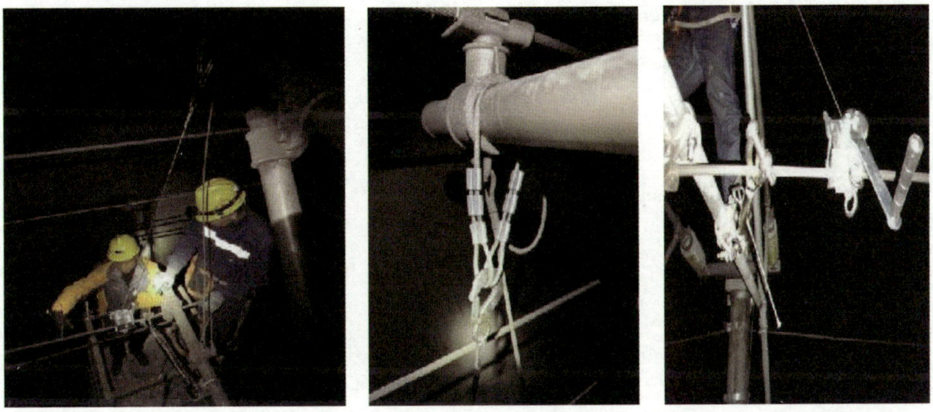

现场应用实拍图

攻坚小故事

为旋转调节杆“强筋骨”

“松哥，目前来看，接触网锚支定位缺陷处理工具轻便、卸载快速，工具各部受力状态也不错，现在我一个人就能够完成作业，但用螺丝刀旋转调节杆使用时，螺丝刀弯曲变形了，而且也受定位管限制，旋转不够便捷。”工装测试现场的高处作业人员周振国说道。

李松听到这个反馈意见稍作停顿后，心里想着一定要把最好的工具带去现场。他当即召集小组成员展开了讨论，计划为旋转调节杆量身打造“强筋骨”方案。他们将市面上满足机械强度且符合实际现场作业的工具材料一一列出，逐个分析，通过不断试验优化，选用了不锈钢材质棘轮摇把作为旋转调节杆，完全符合了现场实际作业需求，成功为旋转调节杆“强筋骨”。

成果视频

接触线中锚绳弛度精调工具

52　接触线中锚绳弛度精调工具

成果完成人

李　松

成果完成人简介

李松，怀化供电段张家界西高铁接触网维修车间高级技师，曾获火车头奖章、全路技术能手、广铁工匠等荣誉；完成广州局集团公司科研成果 1 项、广州局集团公司优秀质量管理成果 5 项、全国铁道行业优秀质量管理成果 3 项，获国家实用新型专利 3 项、外观专利 1 项。

创新成果项目介绍

创新成果简介

接触线中锚绳弛度精调工具适用于供电接触网专业接触线中锚绳弛度调整。本工具解决了以往现场调整接触线中锚绳弛度时易出现调整量不直观、调整次数多、接触线硬点、耗时过长等系列问题,有效减少了中锚调整次数,缩短了现场作业时间。本工具已获得国家实用新型专利,目前已在怀化供电段6个高铁车间推广使用。

创新成果背景

主要针对目前在现场调整接触线中锚绳弛度缺陷及中锚导高缺陷时出现的一系列问题。项目攻关旨在优化作业模式,减少调整次数,避免线夹处产生硬点以及多次调整损伤线夹,缩短作业时间,提高天窗利用率。

创新成果目标/解决的关键问题

一是研制的接触线中锚绳弛度精调装置能直接在接触线中锚线夹旁的接触线上安装一个张力拉伸装置,方便快捷。二是挂扣连接中锚线夹心形环销钉,中锚线夹在同时具备张力和振动条件的情况下能够顺槽滑移,使得中锚绳弛度状态直观可见,提高了劳动效率。三是参数复核环节可以不拆卸工具直接进行,可将中锚绳弛度大小一次调整到位,保证安全的同时也能确保设备参数达标。

创新成果创新点

新颖性:项目成果在全国属于首创。

创新性:接触线中锚绳弛度精调工具能首先利用弹簧拉伸装置使中锚线夹时刻保持水平方向的滑移张力,而后使得拆松线夹具备滑移但不会滑脱的状态,则可通过振动线夹并使其瞬间寻找具备顺槽滑移条件,解决中锚绳被不同向分力的干扰问题,驱使线夹顺槽滑移,实现快速精调。

实用性:与以往的作业方式相比,使用新工具能减少作业人数,提高劳动效率,减轻劳动强度,缩短平均作业时间,同时降低作业人员安全风险。本工具满足各条线路使用环境,易于推广实施。

接触线中锚绳弛度精调工具（主视图）

接触线中锚绳弛度精调工具（俯视图）

接触线中锚绳弛度精调工具现场应用图

攻坚小故事

集思广益聚合力

“我们需要再想办法完善接触线中锚绳弛度精调工具,让它更适用于现场的实际运用,”小组成员周振国说道。“目前来看,需要调整的地方还比较多,牵一发而动全身,比如工具升级改良后我们成果书的层次结构也需要跟进,工作量还是比较大的。”作为技术指导的陈燕补充道。在接触线中锚绳弛度精调工具已完成大体结构制作、成果书趋近成熟之际再作出改变,此时的小组成员都陷入了沉思。

作为小组长的李松说:“我们的新工具就是为了服务一线,当然要改,更何况我们劳模创新工作室的理念也有‘敢为人先’这四个字。”此时,同样是创新工作室成员的轨道车司机颜正、杨飞说:“修改后的数据我们可以一同去现场进行统计,图表的修改也可以一并完成。”“那这样你们的工作量也就增大了,这实在不好意思。”李松说道。“松哥,您刚刚也说‘敢为人先’是我们劳模工作室的理念,那‘集智创新’不也是其中之一吗?更何况我们是一个团队啊!”

就这样在一片欢声笑语中大家达成了进一步优化工具的共识,接触线中锚绳弛度精调工具凝聚了大家的智慧和汗水,为之后的高效工作奠定了坚实的基础。

成果视频

整体吊弦现场
压接的精调工具

53　整体吊弦现场压接的精调工具

成果完成人

李　松

成果完成人简介

李松，怀化供电段张家界西高铁接触网维修车间高级技师，曾获火车头奖章、全路技术能手、广铁工匠等荣誉；完成广州局集团公司科研成果 1 项、广州局集团公司优秀质量管理成果 5 项、全国铁道行业优秀质量管理成果 3 项，获国家实用新型专利 3 项、外观专利 1 项。

创新成果项目介绍

创新成果简介

整体吊弦现场压接的精调工具解决了更换整体吊弦,特别是处理 CDI 不得分等 1C 缺陷时的参数调整量不可控,导致反复调整以及载流环折弯、用时过长等系列问题,提高吊弦预制安装质量和天窗利用率。接触网整体吊弦现场压接的精调工具自研制优化后,本成果已取得国家实用新型专利,并已在怀化供电段内怀化南、溆浦南、安江东、吉首东、张家界西、龙山北六个高铁车间使用共计 55 天窗次,经测算使用本工具一个天窗最低可以节省成本 3 200 元,共计节约成本达 17.6 万元。

创新成果背景

整体吊弦是通过承力索将接触线固定在标准高度上的接触网设备,高速铁路采用的是不可调整体类型,且参数标准要求极高,在运营维护中一般是采取现场预制、安装的作业方式。以往作业方法耗时长、天窗效率低,且每调整一次参数都会将吊弦接触线端的套管处载流环折弯一次,引起吊弦本体的损伤,影响吊弦的使用寿命和设备运行安全,特别是调整关键设备区域参数作业时尤为明显。

创新成果目标/解决的关键问题

一是使用新工具能避免吊弦载流环在套管处临时折弯,有效保证吊弦本体损伤概率都在 10% 以下;二是采用能负重直接调整(工具安装后,无须抬接触线就可以直接操作工具调整)、带刻度精调的工具,减少吊弦反复调整次数 6 根次以上;三是将更换调整一跨共计 6 根吊弦的作业平均用时缩短 20 min,实现快速精调导高。

创新成果创新点

新颖性:项目成果在全国属于首创,本项目开发的接触网整体吊弦现场压接的精调工具,在调整导高更换吊弦时,地面预制好承力索端,高空安装好承力索端和接触线吊弦线夹,通过新工具调整导高确定吊弦实际压接位置,调好一根就临时固定一根,待关节式分相等设备区域内导高全部调整到位后再统一压接,可以实现导高的快速精调。

创新性:工具借鉴滑轮组原理而设计,上下夹具分别固定吊弦本体和接触线端载流环,通过心形环滑移形成滑轮组来实现调整,各连接部件之间采用螺栓连接,简单易操作。

实用性:与传统作业方式相比,本工具制作提高了工作效率,避免了吊弦折弯而引起的自身损伤,带工具直观调整和参数复核,调整一跨参数平均用时可以比原过程节省 40 min 以上,工具可满足各条线路使用环境,易于推广实施。

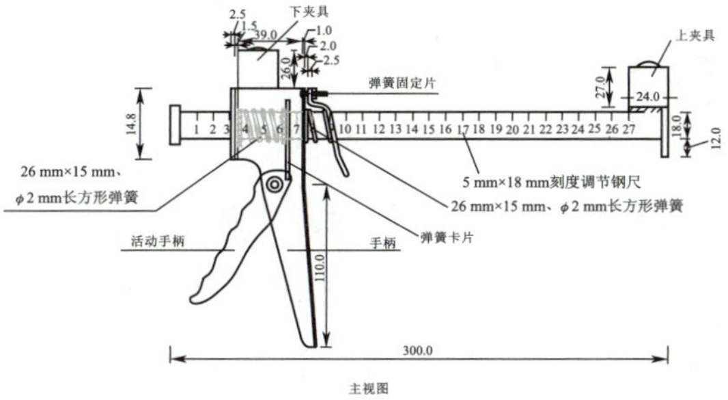

整体吊弦现场压接的精调工具（平面图）（单位：mm）

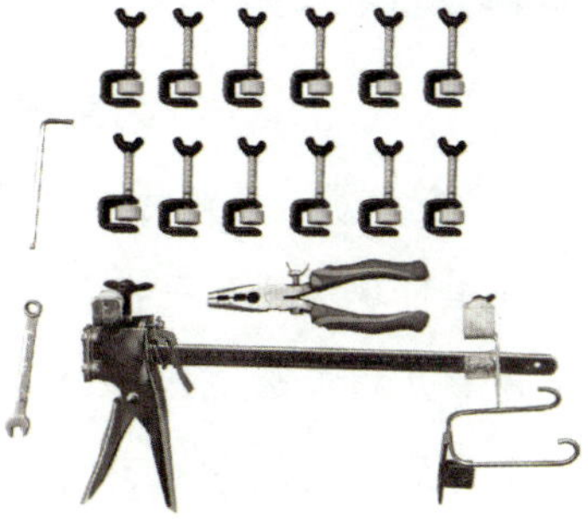

整体吊弦现场压接的精调工具（主视图）

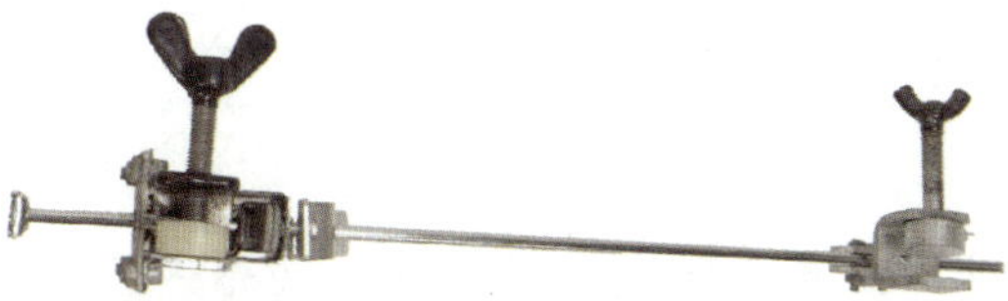

整体吊弦现场压接的精调工具（俯视图）

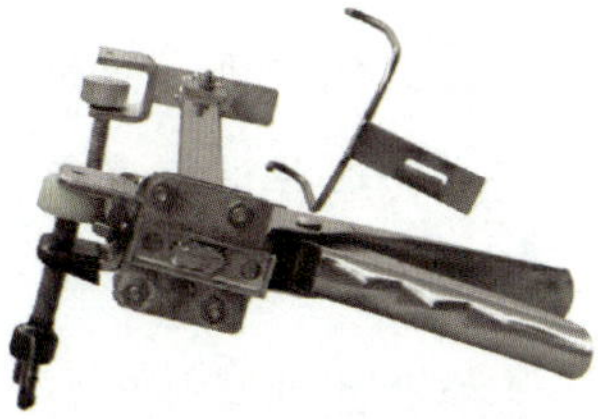

整体吊弦现场压接的精调工具（左视图）

整体吊弦现场压接的精调工具现场应用

攻坚小故事

为实现导高快速精调"护航"

"今天紧赶慢赶才换了这么几根吊弦,天窗的效率提不上来,每次工程单位现场调整压接吊弦的时候都要折弯载流环,造成本体损伤,这里还有几根参数不达标没办法使用的。"周军和李松说道,"要是咱们有个好的工具就方便了,也能为咱们的设备参数精确调整保驾护航。"

勤思考的李松心里想:既然现场预制的吊弦压接误差大或临时折弯会造成本体损伤,那设计新工具最好可以根据现场灵活设定吊弦长度。突然他灵机一动想起来最近家里装修用到的美缝涂料装置,可以根据瓷砖缝长度或者宽度自主决定用料的多少,那这样的原理不就是一样的吗?

有想法就得赶紧行动,李松随即召集小组成员针对这个问题进行分析,并提出了自己的初步想法,经过大家集思广益,小组逐渐得出了确定制作大夹持力、扁钢带刻度的精调工具和配备12根吊弦的载流环固定卡子的总体方案。随着实践推进,工具一次又一次得到了升级,终于满足了现场使用的条件。"松哥,成功了,这个工具也太好用了,可比咱们以往作业模式的效率提高了不止一星半点,也无须折弯吊弦载流环了。"周军高兴地说道。

成果视频

三维可视化的
桥梁转体监测
控制系统

54　三维可视化的桥梁转体监测控制系统

成果完成人

卓迪炯　童寿平　陈　辉　王　勇　赵俊浩　恽　璐　朱凯俊　陈尚昌
李泉鑫　张　昆　练小琬

成果完成人简介

卓迪炯，广东广铁华南建设监理有限公司深圳建管分公司项目经理、工程师，曾获广州局集团公司先进生产者等荣誉。

创新成果项目介绍

创新成果简介

为解决桥梁由于转体重量大、纵横向平衡难可能引起的转体不稳定和桥梁施工安全问题，开发了三维可视化的桥梁转体监测控制系统，并在上跨广深铁路双层桥首次应用。本项目成果不仅契合日益复杂路网交叉带来的转体桥梁数量迅速增加的建设需求，还将填补省内桥梁水平转体关键技术空白，并有望打造成广东省内智慧桥梁亮点和示范工程。

项目应用 Web 技术开发一套基于 B/S 三层结构的桥梁转体结构监测系统，以传感器+RS-485 总线+DTU+云存储+物联网+Web 端（BIM 模型+数据可视化）为框架，设计监测指标和安全预警阈值，可实现桥梁转体过程环境、姿态、内力、变形及振动等实时监测。

创新成果背景

上跨广深铁路主桥采用 2×85 m 连续钢桁腹—板桁组合结构，整幅布置，是国内“首创”跨越运营铁路的双层公路桥转体施工桥梁。连续钢桁腹—板桁组合结构可借鉴的工程案例少，要保证工程顺利完成，原有的监测技术不能满足施工生产需求。

创新成果目标/解决的关键问题

三维可视化的桥梁转体监测控制系统将桥梁转体施工模拟动画、现场监控画面、BIM 模型、图片及监控数据等信息集成于同一界面，依托物联网设备数据接入平台、数字孪生引擎实现桥梁转体过程中环境、视频、高程、应力、转动角度等数据的实时监控。转体过程中出现不利情况，立即报告预警数据，及时提出警告。通过开展转体桥梁智能监测平台施工技术，为上跨铁路桥梁转体施工提供有效解决方案，及时了解桥梁转体过程的结构状态，并针对性采取优化措施。

创新成果创新点

新颖性：项目成果在上跨广深铁路主桥上首次应用。一是转体数据一张图。周边地形、桥位、气象、牵引系统、转体姿态、主梁位移、球铰应力、地面多机位实体以及空中无人机视频等各类数据均整合到一张图里面，便于实时的全面掌握转体数据。二是可视化程度高。周边地形、桥梁部件、监测元件均建立在 BIM 模型中，随着监测数据及安全警示系统，可以观察监测元件发光颜色。转体过程可视化后不仅可以直观准确的了解到牵引状态、转体姿态以及结构状态，也能及时找到预警元件及其位置，及时作出调整，保证桥梁转体安全。

实用性：采用标准化设计和模块化构造，制造和安装过程简单；具有远程在线监控功能，可实现手机、电脑等终端的远程监控；能够实时监测桥梁的状态和承载能力，及时发现隐患；可以融入智慧工地等系统，实现桥梁的实时监测和数据共享，为交通和基础设施的高效运转提供技术保障。

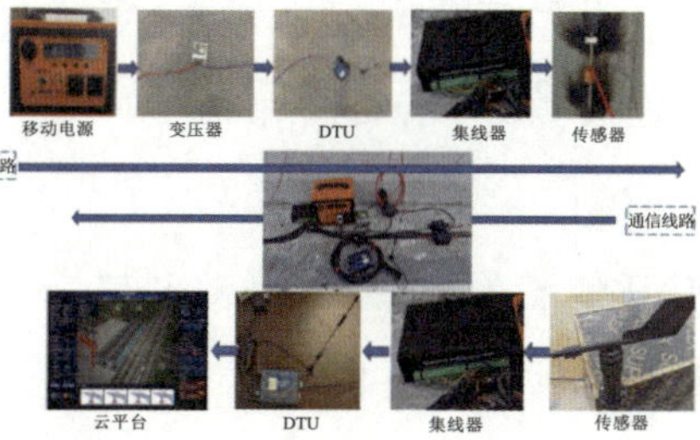

各类型传感器接入

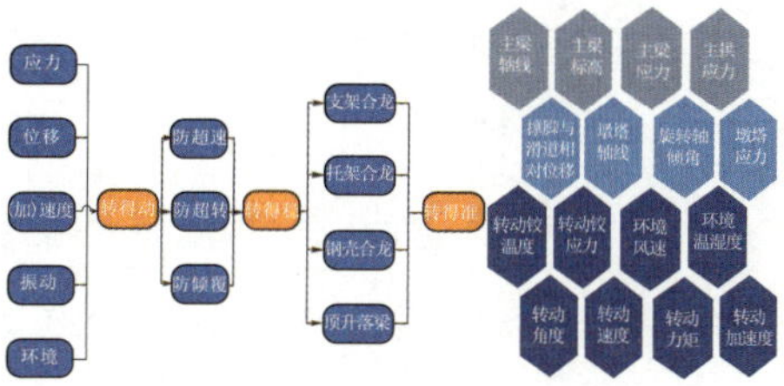

监测范围

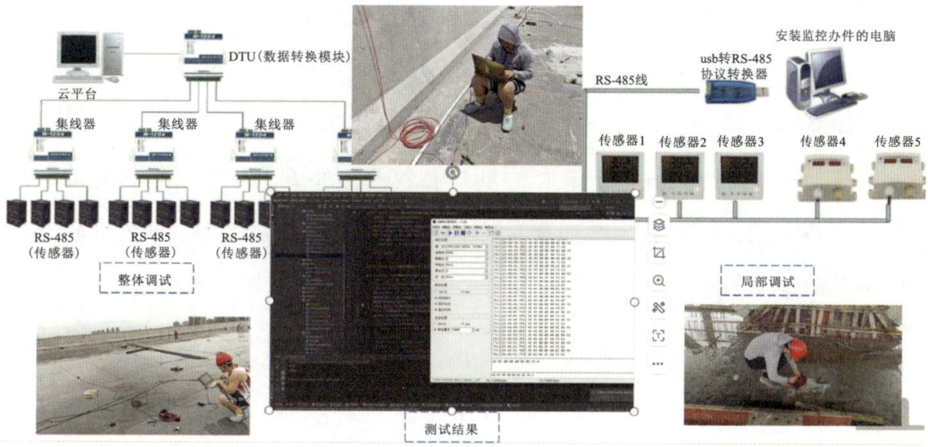

监测设备调试

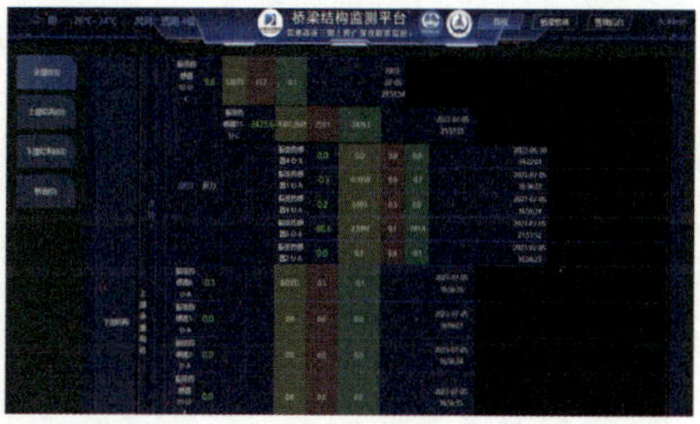

数据实时分析

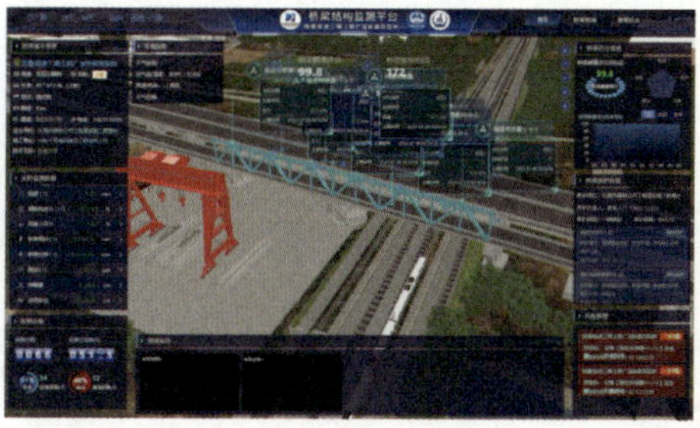

主页面各类数据显示

攻坚小故事

大桥施工有了聪明大脑

卓迪炯:"同志们,今天我们来探讨一下如何顺利完成国内'第一座'双层公路桥转体施工跨越运营铁路的桥梁建设,该桥梁的空间结构很复杂啊!"

练小琬:"是的,作为新型桥梁没有可借鉴的资料,如果顺利完工将填补国内外双层公路桥转体施工跨越运营铁路的空白。"

卓迪炯:"我们需要思考如何能从施工到转体全过程监测各个工序,利用智能化技术实时监测桥梁结构的变形和应力情况,且精度高、数据准确,还能测定转动过程角度、加速度,可视化的解决桥梁转体质量大、纵横向平衡难可能引起的转体不稳定和桥梁施工安全问题,是我们这次探讨的重点。"

通过会议讨论,确定了最初的创建监控平台的思路,经过各参建单位的不懈努力,发明了三维可视化的桥梁转体监测控制系统,并获得软件著作权。

成果视频

道口板曲线半径可调式燕尾槽成型器

55 道口板曲线半径可调式燕尾槽成型器

成果完成人

梁志军　苏寿昌　刘小文　唐乐城

成果完成人简介

梁志军，广州铁路物资有限公司乐昌安捷轨枕公司经理、高级工程师，梁志军劳模和工匠人才创新工作室带头人，曾获火车头奖章等荣誉。

创新成果项目介绍

创新成果简介

道口板曲线半径可调式燕尾槽成型器长250 mm,可用于各种曲线半径道口板燕尾槽成型。该成果解决了传统整体式燕尾槽成型器不通用的痛点问题,实现了一套燕尾槽成型器可生产各种曲线半径类型的道口板的功能。对比使用传统整体式曲线燕尾槽成型器开展生产,生产周期缩短80%以上,仅2022年—2023年应用本成果生产的不同曲线半径道口板共计节约成本达50万元。

创新成果背景

国内铁路的曲线半径多种多样,在工矿企业的专用线或货运场站更是如此,这导致了曲线道口的曲线半径也是多种多样的,小到半径180 m,大到半径2 000 m,各种半径都有。为生产匹配不同半径的道口板,需要订购不同曲线半径的燕尾槽成型器。然而定制燕尾槽成型器需要1个月的时间,且每套费用在5万元以上,投资大、生产周期长。

创新成果目标/解决的关键问题

目标为降低曲线道口板的生产成本,提高生产效率。可解决的关键问题:一是不同曲线半径的道口板燕尾槽成型器不能通用;二是不同曲线道口板要定制燕尾槽成型器,生产周期长,生产成本高。

创新成果创新点

新颖性:项目成果获得国家实用新型专利。

创新性:一是化曲为直,利用割圆法的原理,将整体式曲线燕尾槽成型器改为每节250 mm长的直线燕尾槽成型器;二是接直成曲,将各小段燕尾槽成型器,按照不同的相应的坐标值安装在模具上,形成所需要的曲线。

实用性:与既有整体性燕尾槽成型器相比,一套燕尾槽成型器可实现各种曲线半径、长度的道口板生产,大幅缩短生产周期,且每块成型器质量小,在生产时易于安装拼接。

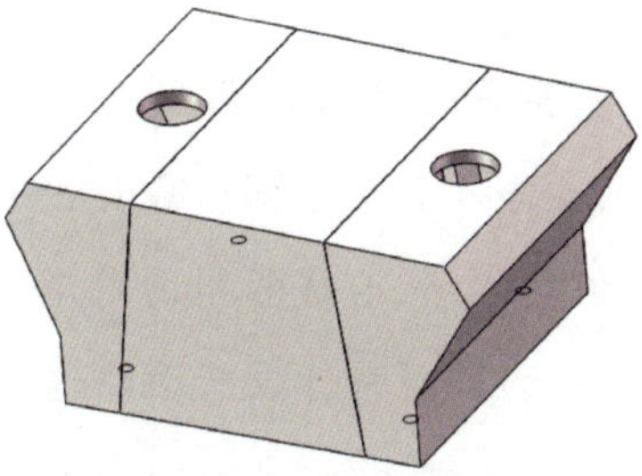

250 mm 长燕尾槽成型器
组合件 3D 示意图

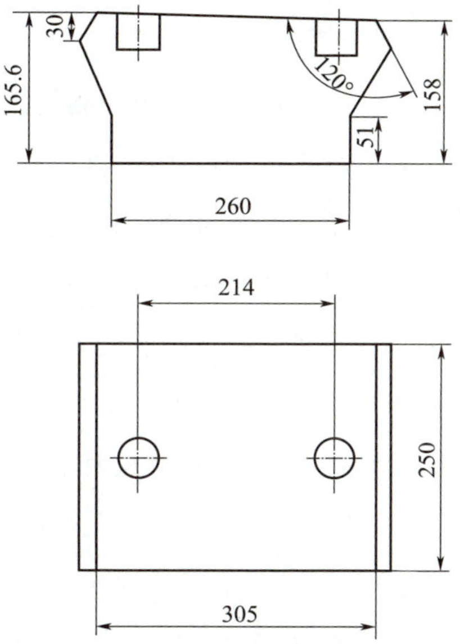

250 mm 长燕尾槽成型器组合件
2D 示意图（单位：mm）

现场实拍图

攻坚小故事

从积木联想到的燕尾槽成型器“万能钥匙”

公司开发了道口板之后，接连接到客户的订单，然而大家看到客户的道口参数后又集体傻眼了。“怎么有这么多种规格！”“交货期这么短！燕尾槽成型器都买不回来啊！”

面对各曲线半径道口板订单，销售部门按每种半径定制燕尾槽成型器核算成本，发现订单没有利润，且供货期保证不了。做则无利可图，不做则失去市场。面对这两难的选择，梁志军召集了团队成员进行头脑风暴，力求解决问题。成员们提出了使用木质、合成材料的燕尾槽等方案，始终无法彻底解决问题。而后某一天，成员刘小文无意中看见家中闺女在摆弄积木，一会儿摆成直线，一会儿摆成曲线。刘小文心想：何不将燕尾槽成型器做成“积木”？次日，他提出自己的想法，经团队讨论细化后最终形成方案。团队设计出单个长 250 mm 的燕尾槽成型器，可移动燕尾槽成型器位置组合成不同半径的曲线，燕尾槽成型器的“万能钥匙”就这么实现了。现在曲线道口板生产周期由原来的几个月缩短为 3 天，成本也极大降低了。

成果视频

箍筋自动焊接机

56 箍筋自动焊接机

成果完成人

梁志军　苏寿昌　刘小文　钟全添　黄志斌　胡　瑞　谢　鸣　曾　赟

成果完成人简介

梁志军，广州铁路物资有限公司乐昌安捷轨枕公司经理、高级工程师，梁志军劳模和工匠人才创新工作室带头人，曾获火车头奖章等荣誉。

创新成果项目介绍

创新成果简介

箍筋自动焊接机是一种具有双块式轨枕箍筋自动焊接功能的设备。它由箍筋夹持机构、机架、输送链、升降驱动机构、焊接机构等组成。对比人工焊接桁架方式,使用本设备生产效率大幅提高;应用项目成果可提升双块式轨枕箍筋焊接质量,提高整体轨枕使用寿命。

创新成果背景

SK-2 双块式轨枕箍筋图纸焊接标准要求:单面焊接长度为 80 mm(或双面焊接长度为 40 mm)。行业内基本采用人工点焊方式(或碰焊),不符合标准要求,存在质量风险。最初采用人工焊接,每人每班焊接约 500 个;后采用机械臂焊接,每人每班焊接约 800 个,如按每天双班生产 1 500 根,需 2 台机械臂每天满负荷焊接。每台机械臂售价高达 15 万元,为提高双块式轨枕箍筋焊接效率,降低双块式轨枕生产成本,决定开发一款箍筋自动焊接设备。

创新成果目标/解决的关键问题

创新成果目标:降低制造成本,保障箍筋产品精度,提高工作效率。

解决的关键问题:(1)人工焊接箍筋钢筋装夹慢,焊接质量得不到保证;(2)人工焊接箍筋焊接精度控制达不到要求;(3)人工焊接箍筋工人工作强度大、工作效率较低。

创新成果创新点

新颖性:项目成果获国家实用新型专利。

创新性:项目成果设计的箍筋夹持机构可快速夹持固定箍筋, 有效提高工作效率。

实用性:与既有方式相比,项目成果能实现双块式轨枕箍筋半自动化焊接、自动脱出,提高焊接质量,同时提高效率、降低劳动强度。

箍筋自动焊接机

攻坚小故事

为双块式轨枕生产提速

“现在生产节奏已经调整过来，保证完成保供任务。但目前产量足足增加一倍，我担心箍筋供应不上。”在高铁轨枕车间内，生产带班负责人提出了自己的忧虑。

梁志军听到带班人员的忧虑表示放开了干，要保质保量完成保供任务。原来早在半年前接到轨枕订单开始，为给轨枕生产提速，工作室已经开始了箍筋焊接设备的研制。目前整体焊接机主体已完成，大部分功能能满足要求，箍筋夹持机构优化也在进行中。团队成员设计了由拉杆、弹簧单圈、弹簧、压紧块和支撑组件的箍筋夹持机构，经调试已实现自动压紧或释放放置在底板上的待焊接的箍筋。克服了人工夹紧、释放箍筋不变的问题，将箍筋焊接效率提高一倍，完成了双块式轨枕生产中箍筋焊接提速任务。

成果视频

无砟桁架自动焊接机

57 无砟桁架自动焊接机

成果完成人

梁志军　苏寿昌　刘小文　唐乐城

成果完成人简介

梁志军，广州铁路物资有限公司乐昌安捷轨枕公司经理、高级工程师，梁志军劳模和工匠人才创新工作室带头人，曾获火车头奖章等荣誉。

创新成果项目介绍

创新成果简介

无砟桁架自动焊接机是一种可实现无砟岔枕桁架半自动成型焊接设备。它由桁架焊接工装夹具、压紧装置、焊接机器人、行走轨道等机构组成。对比人工焊接桁架方式，使用项目成果生产效率提高50%以上；应用项目成果可提高无砟岔枕桁架焊接质量，提高整体轨枕使用寿命，减小因岔枕损坏更换对铁路运输的影响。

创新成果背景

国内无砟岔枕桁架采用人工弯制波纹筋，使用定位夹具螺栓锁紧下玄筋，上玄筋放在固定槽位，焊接时靠人工配合，用撬棍使波纹筋同上下玄筋对位，另一人焊接，不停重复，进而完成无砟岔枕桁架焊接。桁架装夹不便，焊接精度难以保证，同时工人工作强度大且工作效率较低。

创新成果目标/解决的关键问题

创新成果目标：降低制造成本，保障桁架产品精度，提高工作效率。

解决的关键问题：(1)人工焊接桁架钢筋装夹不便，焊接质量得不到保证；(2)人工焊接桁架焊接精度控制达不到要求；(3)人工焊接桁架人工工作强度大、工作效率较低。

创新成果创新点

创新性：经过对无砟桁架人工焊接方式和装夹方式进行优化，设计桁架装夹夹具以及机械臂的行走轨道。能实现一次装夹，可完成多个桁架焊接的效果。

实用性：与既有人工焊接方式相比，可实现半自动化焊接提高焊接质量，大幅减轻作业强度，有效提高桁架焊接质量。

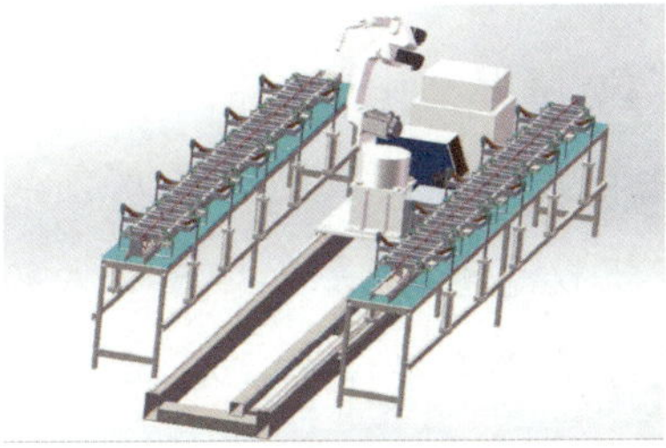

无砟桁架自动焊接机 3D 示意图

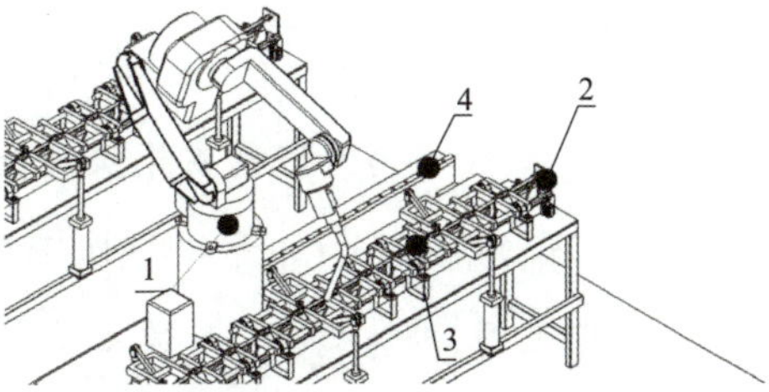

1—焊接机器人；2—桁架工装夹具；
3—桁架；4—行走地轨。

无砟桁架自动焊接机结构示意图

无砟桁架自动焊接机实物（正面图）

无砟桁架自动焊接机实物（侧面图）

现场图

攻坚小故事

为无砟岔枕桁架焊接减负、降温

"梁经理,现在用这个无砟岔枕工装比以往手工定位减少了重复定位的繁琐工序,非常好用,就是每次装夹扭扳手都酸,夏天焊接时太热,能给我们桁架焊接工作再'降降温'就好了。"桁架焊接现场,焊接工作人员向梁志军反馈。

为减轻职工的工作强度,梁志军决定为桁架焊接工作减负、降温。工作室针对装夹不便、焊接温度高、工作人员体感过热的核心问题出谋划策,最后拟定设计气动装夹机构,同时利用焊接机器人进行改造,增设一条满足桁架焊接需求的行走轨道。通过不断优化设计及试验调试,终于研制出适用于无砟桁架焊接的半自动化设备,工人只需将桁架各部件摆放到位,项目成果便可完成自动装夹、自动焊接,实现无砟岔枕桁架焊接减负、降温。

成果视频

电梯曳引机运行
远程测温运维系统

58 电梯曳引机运行远程测温运维系统

成果完成人

苏晓明　刘永华　龙　礼　周山林　李玉双　刘佳妍

成果完成人简介

苏晓明，湖南铁路联创技术发展有限公司长沙城际站区副经理、技师，苏晓明劳模和工匠人才创新工作室带头人，曾获湖南省劳动模范、火车头奖章、全国技术能手等荣誉。

创新成果项目介绍

创新成果简介

电梯曳引机运行远程测温运维系统是监测电梯关键部位温度的通用型设备，适用于所有电梯公司电梯。本系统在保障电梯安全可靠运行基础上，对电梯关键部位运行环境温度进行监测，实现测温控制与超限报警；通过监测电梯温度掌握机械部件发热情况，及时干预降低发热故障率；采用加密红外信号数据传输技术，其开发的数据采集系统以电梯关键电气开关温度为信号源，不受厂家私有通信协议限制，获取电梯工频运行状态温度参数且信号加密传输。本系统投入运营后，较同类监测系统节约 2.8 万元/台，可有效提高电梯安全性、优化运维效率、降低运维成本、提升旅客满意度、促进电梯行业技术进步，符合绿色环保要求。

创新成果背景

随着高速铁路的快速蓬勃发展，电梯需求量呈井喷式增长，电梯安全问题日益突出。电梯是复杂的机电一体化产品，同时又是需要频繁启动与制动的机电设备。据不完全统计，温度过高或过低可导致电梯故障率增加 36%、寿命缩短 33%。因此，对电梯曳引机温度进行实时监测和运维尤为重要。

创新成果目标/解决的关键问题

对电梯的轴承、电机绕组、变频器、控制箱运行环境中的温度参数进行数据采集，实现对电梯温度的测温控制、超限报警、数据统计分析等功能，杜绝因超温导致电梯停梯。

创新成果创新点

创新性：本系统运用 24 V 电源载波通信控制技术对系统进行集成，将电梯的测温技术与电气元件检测技术相结合，独立供电，针对特种设备实现无损监测，采用加密红外信号数据传输技术；运用 KingView 基于工业互联网进行组态编程，自主研发远程监控运维平台，实现对辖区内电梯进行分级监控管理。

及时性：本系统可实现快速数据分析、及时报警通知、远程故障诊断等功能，可有效推动特种设备智能化远程运维管理。同时本系统还具备良好的兼容性，可实现不同品牌的电梯数据互通和共享。

实用性：本系统适应性强，可快速配置与调试，易于实施，可节省时间和人力成本。

电流互感器

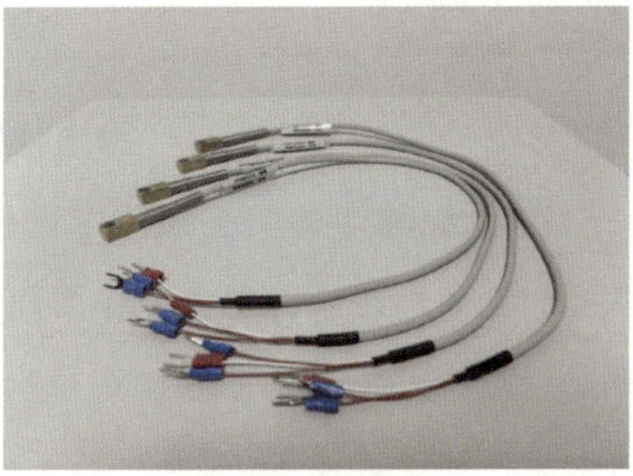

磁吸式温度传感器

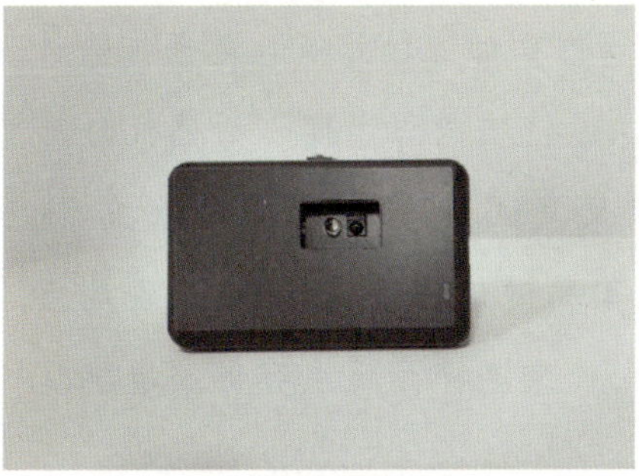

加密红外信号接收器

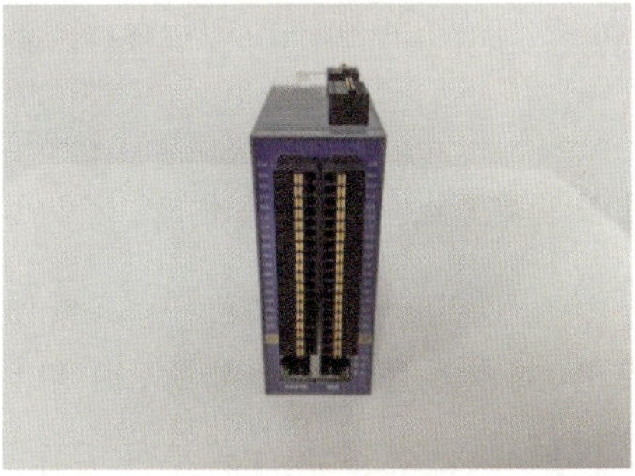

电梯数据采集器

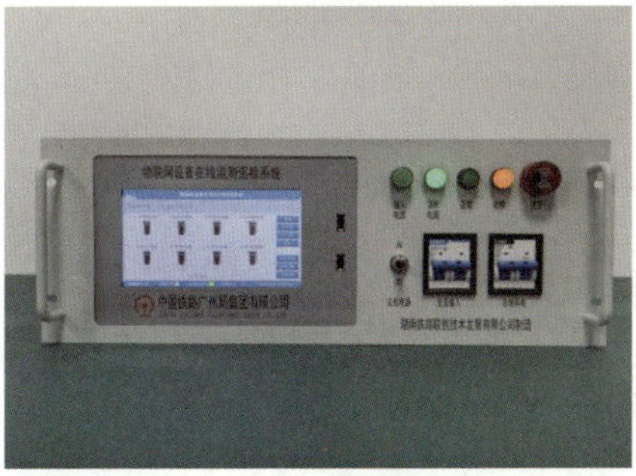

电梯运维系统主机

现场手持红外终端巡检作业图

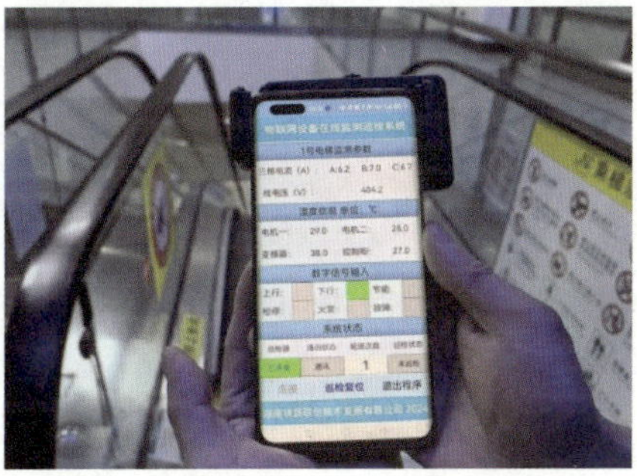

现场手持红外终端数据图

攻坚小故事

为电梯“护航”

在车站,旅客的安全乘降与电梯的稳定运行息息相关。但电梯曳引机和变频器超温引发的突停问题,犹如不定时炸弹,时刻威胁着旅客安全。工作人员在日常巡检中难以监测电梯内部运行状态,需专业维修人员停梯开盖检查,因此故障发现往往不及时。

此时,苏晓明劳模和工匠人才创新工作室团队挺身而出,立志攻克难题。团队大胆创新,运用 24 V 载波通信和加密红外信号数据传输技术,不需要停梯开盖即可实时监测电梯运行状态与温度。为确保红外信号稳定、灵敏且数据准确,团队成员反复试验,不断优化技术方案。借助新系统,可远程诊断故障,还能采集关键部位温度参数,实现测温控制、超限报警和统计分析,提前干预,杜绝电梯因超温突停。电梯巡检智能化,为旅客出行筑牢坚实保障。

成果视频

可编程智能应急照明疏散指示系统

59　可编程智能应急照明疏散指示系统

成果完成人

苏晓明　周学科　蔡竞艺　方　希　刘　帆　周山林　王焕宇
李玉双　刘佳妍

成果完成人简介

苏晓明，湖南铁路联创技术发展有限公司长沙城际站区副经理、技师，苏晓明劳模和工匠人才创新工作室带头人，曾获湖南省劳动模范、火车头奖章、全国技术能手等荣誉。

创新成果项目介绍

创新成果简介

可编程智能应急照明疏散指示系统应用广泛，能有效解决设备品牌杂、型号多、零配件通用性差及维修成本高等实际问题。它可集中远程分级实时监控各站点消防应急照明和疏散指示系统运行状态，依据火灾报警信息规划高效安全疏散路径，实现火灾应急疏散智能化，自动精准定位并报警故障设备，减少安全隐患，确保消防设备时刻处于良好状态。本系统采用网络型设计，运用 24 V 电源载波通信控制技术集成控制器、专用电源和应急灯具，实现灯具实时联动和火灾报警信息实时响应，快速发出疏散逃生信号。本系统可降低设备更换与后期维护成本，杜绝人员伤亡和财产损失，推动消防应急照明和疏散指示智能化发展，提升公共场所消防安全水平。

创新成果背景

针对消防应急照明疏散指示系统现有设备维护成本高、设备零配件更新换代快、原型号配件已停产采购困难、各站点消防应急照明和疏散指示系统运行状态不能实现远程分级集中实时监控等问题开发了可编程智能应急照明疏散指示系统。

创新成果目标/解决的关键问题

解决了各站点消防应急照明设备零配件型号杂、通用性差、采购困难、维修成本高等现实问题。集中远程分级可实时监控各站点消防应急照明和疏散指示系统运行状态，实现火灾应急疏散智能化，确保消防设备随时处于良好状态。

创新成果创新点

创新性：本系统集成了计算机技术、通信技术、自动控制技术等多种技术手段，采用网络型设计，实现应急灯具之间的实时联动和火灾报警信息的实时响应；运用 24 V 电源载波通信控制技术对系统集成，将控制器、专用电源、应急灯具有效结合，可实现火灾等突发事件的自动报警、自动疏散等功能；采用 KingView 工业自动化组态软件编程，自主开发物联网型消防应急照明疏散指示系统远程监控平台。

及时性：本系统通过高度智能化、实时监控与动态控制、广泛的应用场景、技术发展趋势、安全性与稳定性有效适应发展需求，提供高效、可靠的解决方案。

实用性：本系统通过模块化设计、简洁明了的安装、高度智能化、明确的布线要求、良好的兼容性以及数字化管理等特点，实现易于部署的目标，使得本系统能够快速、准确地安装到各种建筑环境中。

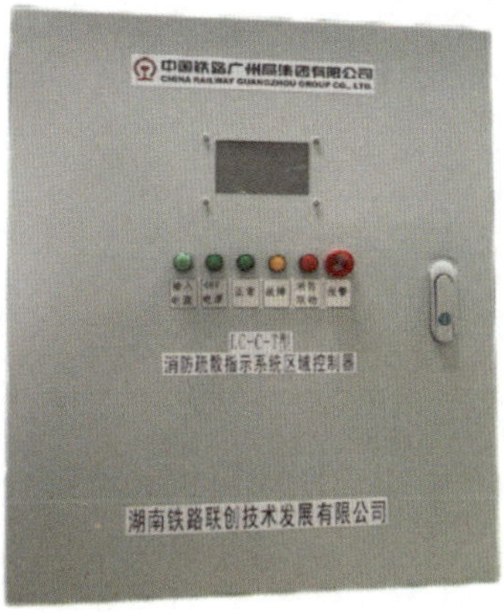

消防疏散指示系统分区控制器面板

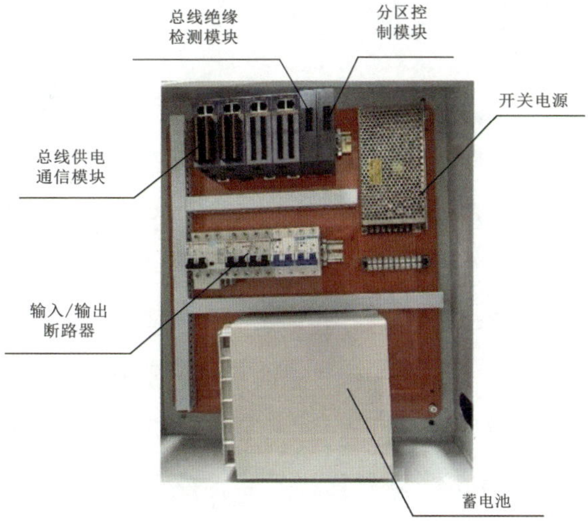

消防疏散指示系统分区控制器内部布局

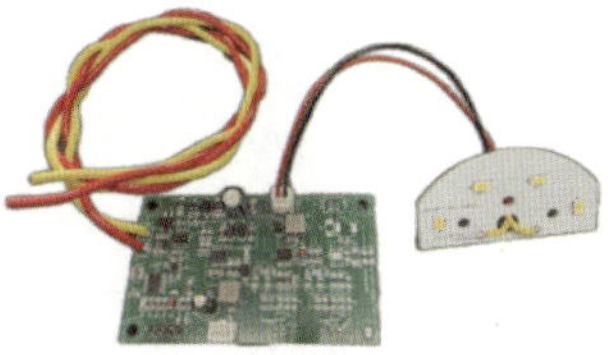

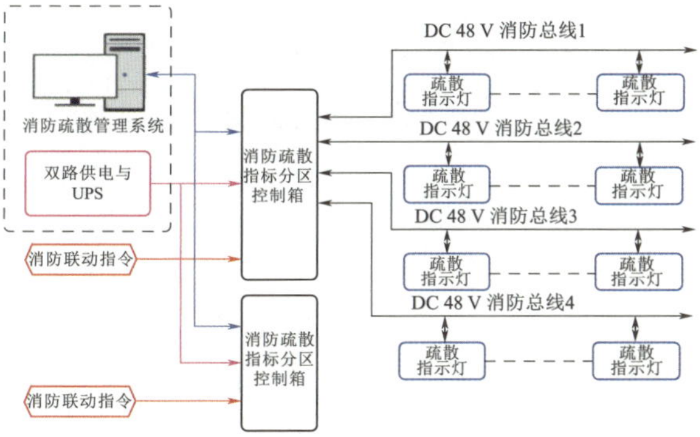

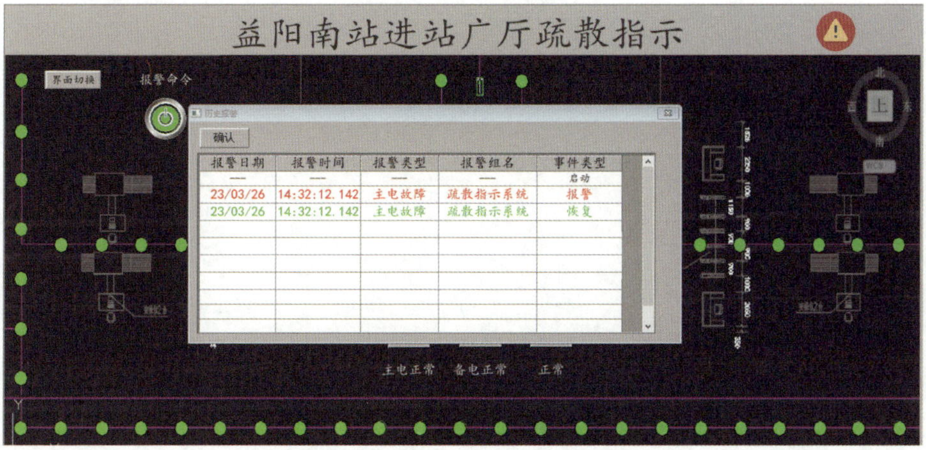

可编程智能应急照明疏散指示系统后台软件图

攻坚小故事

照亮安全之路——车站消防攻坚之旅

在车站消防应急领域，消防应急照明和疏散指示系统现有设备维护成本高、设备零配件更新换代快、原型号配件已停产采购困难等问题一直困扰着大家。苏晓明劳模和工匠人才创新工作室团队决心攻克这一难题：钻研技术，尝试将多种先进技术融合，把计算机、通信、自动控制等技术引入可编程智能应急照明疏散指示系统。

为了实现远程监控，团队采用 KingView 工业自动化组态软件编程，自主开发远程监控平台。在研发过程中，团队遇到无数技术难题，例如数据传输不稳定等。经过多个日夜的拼搏，团队终于成功研发出可编程智能应急照明疏散指示系统。该系统解决了零配件型号杂、通用性差等问题，能远程监控各站点设备运行状态，实现智能化应急疏散。团队的努力，为公共场所消防安全筑起了坚固的堡垒。

成果视频

基于大语言模型的作业指导书智能交互系统

60　基于大语言模型的作业指导书智能交互系统

成果完成人

周发明　刘　飞　王克达　黄纯峰　赵　芊　徐周明　蔡坤钊
郑旭栋　张明威

成果完成人简介

周发明，广州局集团公司信息技术所总工程师、高级工程师，周发明劳模和工匠人才创新工作室带头人，曾获全国五一劳动奖章、火车头奖章、茅以升铁道工程师奖等荣誉。2022 年以来，工作室承担省部级科研课题 9 项、地市级科研课题 33 项，申请国家发明专利 6 项、软件著作权 32 项，获省部级科技奖 2 项、地市级科技奖 29 项，其中特等奖 8 项、一等奖 4 项、二等奖 7 项。

创新成果项目介绍

创新成果简介

基于大语言模型的作业指导书智能交互系统以“通义千问”大语言模型为底座，以检索增强生成技术辅助大语言模型为主体，通过作业指导书的文档切分和层级存储构建专有知识库，以扩展大模型的知识边界；采用双路召回策略实现知识库查询，并引入重排模型进一步提高查询精度；基于召回文本，结合大语言模型的上下文学习能力和提示词工程，实现指导书的交互式问答服务；加入语音模型，进一步提高服务便捷性。经验证，本系统有助于提升广州南高铁工务段的作业指导书检索效率，并可进一步应用于更广泛的知识库检索领域。

创新成果背景

长期以来，广州南高铁工务段存在作业指导书行文复杂、查询困难，一线员工学习成本高昂等痛点问题，影响了日常作业的高效开展。

近两年，以 ChatGPT 为代表的大语言模型在自主学习、对话交互等方面表现优异，检索增强生成(RAG)、模型微调等辅助技术发展迅猛，为指导书类非规则文档的问答交互提供了技术方向。

创新成果目标/解决的关键问题

解决传统铁路作业指导书分类多、查询难、靠人力、耗时长等问题，综合降低指导书的查询门槛和人力耗时。经统计，本系统的运用使作业指导书的平均查询时间缩短至 3 s，查询准确率达 95%，工作效率得到显著改善。

创新成果创新点

新颖性：路内首次采用此项技术方案实现作业指导书的问答交互。

创新性：一是采用检索增强生成框架，综合提高了私有大语言模型对铁路垂直领域的理解力。二是利用深度学习模型(PP-structure)解决了作业指导书类复杂文档的版面分析和图表识别问题。三是基于行文规则，对文档采用树形存储，通过层级约束和块阈值限制确保了语义完整性保留。四是创新优化双路召回策略，综合全文检索和语义理解，进一步提高了知识库检索的命中率。

实用性：一是加入语音文字互转功能，降低使用门槛。二是适配业务部门的设备和技术部署能力，易于推广实施。

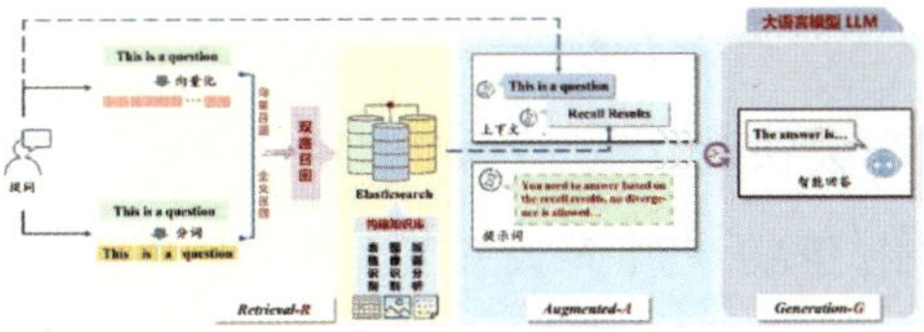

技术整体流程

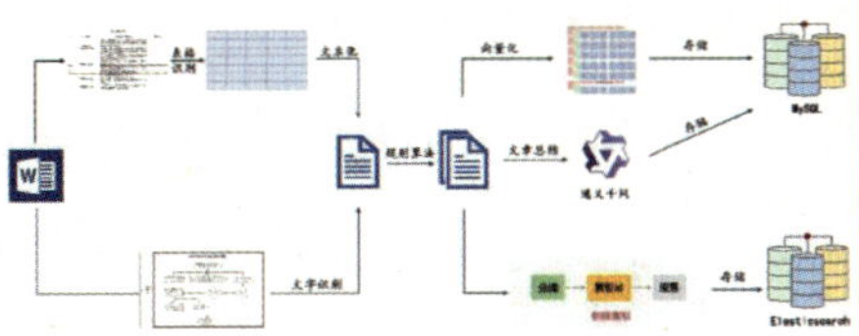

知识库构建

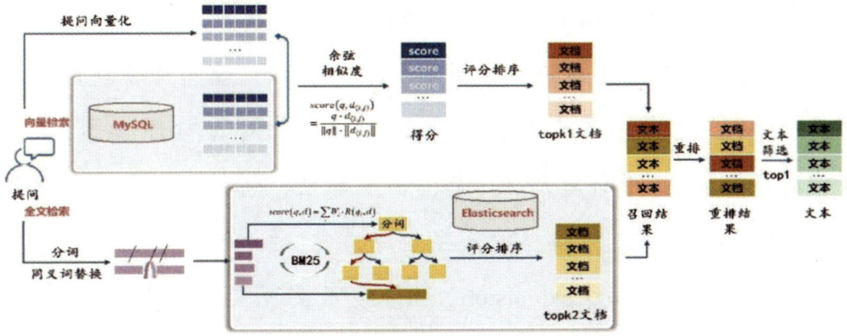

基于大语言模型的作业指导书智能交互系统—双路召回

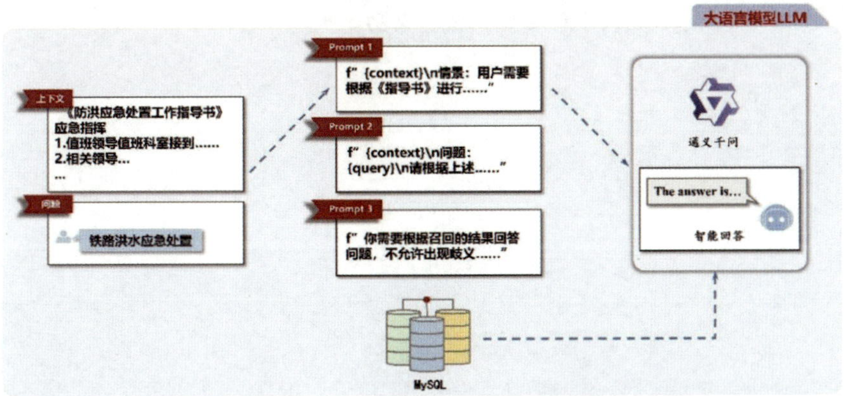

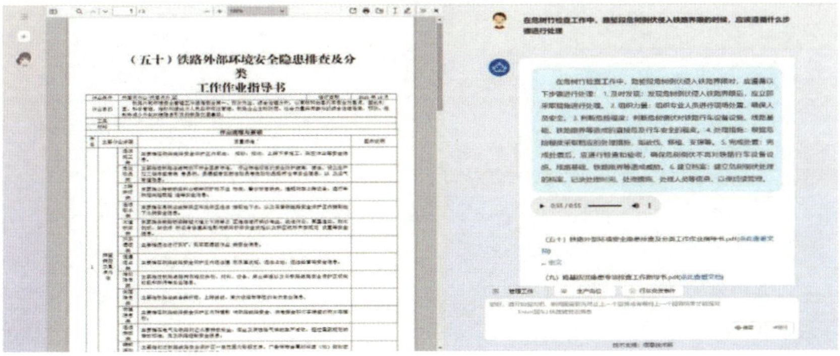

攻坚小故事

让"慢先生"学会快跑

"这个系统生成的回答很是精准，但响应时间太长了，等它回复完，我们都快下班了！"听到前端反馈，后端小组不由心头一紧——虽然模型的基座能力优秀，但响应时间过长，用户体验将大打折扣，这个难题若无法解决，整个项目将面临失败的风险。

周发明迅速组织团队成员开展研讨会，经分析，重排序模块及大模型生成模块过慢的计算速度便是罪魁祸首。针对重排序模型，采用"解构工作原理、找准计算难点、优化相应算法"的攻关路线。同时切割冗余调用步骤、改变大模型的文字生成模式，通过流式单指令多数据流拓展(strearning SIMD extemsion，SSE)技术实现文字流式输出，达到类实时响应效果。

经过反复调试，系统响应时间终于由 1 min 缩减至 3 s，基本满足实际生产需要，系统的"拖延症"治疗成功。

成果视频

动车组车载列控设备检修维护培训装置

61　动车组车载列控设备检修维护培训装置

成果完成人

沈志刚

成果完成人简介

沈志刚，现任广州局集团公司职培部教育科高级工程师，负责职培部信息化建设和科研工作，其主导完成的“优化完善职教管理系统”“动车组车载列控设备检修维护培训技术研究”分别荣获广州局集团公司 2022 年、2023 年科技进步二等奖。

创新成果项目介绍

创新成果简介

动车组车载列控设备检修维护培训装置利用三维技术构建作业车间和车辆模型，模拟作业流程，学员不需要频繁进出检修库，可降低安全风险，节约时间和成本。本培训装置还原动车组车载设备的三维场景，按照最新动车组一、二级修作业指导书，模拟检修过程，涵盖结构组成、工作原理、工具使用等模块，实现电子化电路图教学、故障查看、学习及理论考核等功能。本培训装置不受场地限制，可有效提升作业效率、降低劳动强度。通过三维场景与闯关模式，既能减少设备购置成本、又可提高培训趣味性。本培训装置能对动车组车载设备检修人员从基础知识、设备识别到检修流程进行快速、全面的培训，可大大缩短培训周期。

创新成果背景

目前国内外尚无类似实训设备，现有培训方式主要为"老带新"模式，三维仿真教学稀有。学员实训主要在动车所内进行，但受现场条件限制，无法随意操作，学员误操作将可能导致列车故障或影响安全运行。此外，实训缺乏与日常故障案例和硬件相关的实操培训，电路可视化交互动画教学几乎空白。

创新成果目标/解决的关键问题

搭建动车组检修库三维场景，模拟真实操作场景；通过交互动画模式和故障相结合的培训技术实现 ATP 设备常用电气图教学、理论和实训考核。同时，通过智能算法根据考核成绩进行综合评价，精准判断学员的技能短板，为下一步培训指导提供依据。

创新成果创新点

创新性：通过引入三维仿真技术，相比传统实地培训模式，成本效益更高。通过三维场景还原和闯关式教学，可激发学员的积极性，将传统枯燥的培训形式转变为互动性强、趣味性高的学习体验。

实用性：与传统培训方式相比，本培训装置不受场地或设备的限制，可大幅提高培训的灵活性和效率，进而降低实物设备和培训场地的购置与维护成本。

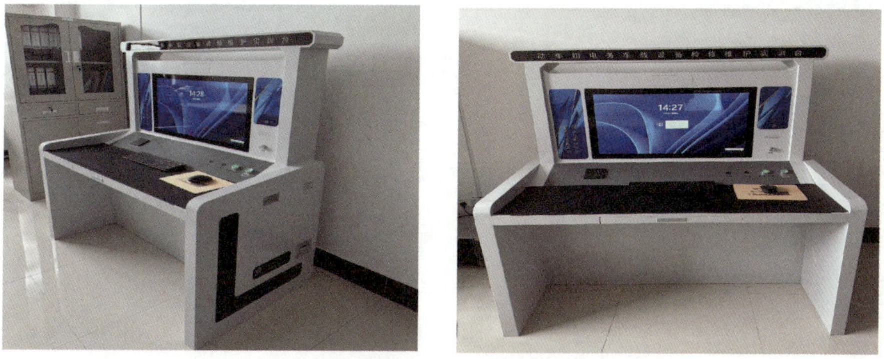

动车组车载列控设备检修维护培训装置实物

学员使用装置培训现场

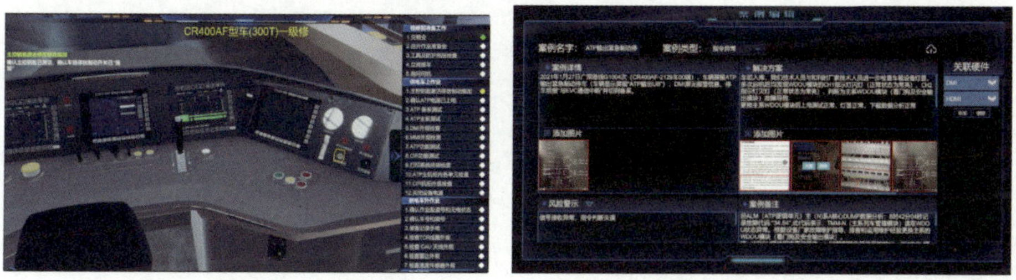

动车组车载列控设备检修维护培训装置操作界面

攻坚小故事

终于可以随时练习了！

“沈高工，这个动车组车载列控设备的实操培训总是受限于场地，学员们无法随意练习，现场操作风险太大。”在一次培训会上，培训人员的反馈让沈志刚陷入了思考。传统培训方式的弊端显而易见，如何才能突破这个瓶颈？

沈志刚决定采取行动。他和团队召开会议，集思广益，提出了一个大胆的想法：何不利用三维仿真技术，打造一个虚拟培训平台？这样，学员们可以在没有安全隐患的情况下，模拟各种操作场景。

经过多次讨论与试验，团队将各种功能逐步实现。从还原动车组三维场景到设计交互式教学模块，他们不断调整、优化。每一次尝试都是一次新的挑战，团队在艰难中前行，时常加班加点，反复调试。

终于，经过数月的努力，动车组车载列控设备检修维护培训平台如愿上线。学员们可以在这里无忧无虑地进行各类设备的操作练习，快速掌握检修要领。这个平台不仅提高了培训效率，还有效降低了安全风险。

“真是太好了！我们可以随时练习，不再受场地限制！”学员们欣喜地说道。沈志刚感受到了一种成就感，心中明白，创新的道路虽然艰辛，但每一步的努力都在为未来铺路。

附录　广州局集团公司
其他优秀职工“五小”创新创效成果展示

序号	成果名称	文本二维码
1	接发列车应急处置流程软件	接发列车应急 处置流程软件
2	行车关键作业流程盯控清单	行车关键作业流程 盯控清单
3	车务 CTC 运输调度指挥标准化仿真与实训平台	车务 CTC 运输调度指挥 标准化仿真与实训平台
4	一种公铁两用车牵引装置	一种公铁两用车 牵引装置
5	铁路机车金卤头灯触发器自主维修攻关	铁路机车金卤头灯 触发器自主维修攻关
6	船舶 200 kV·A 电源供电柜母线漏电监测装置	船舶200 kV·A 电源供电柜 母线漏电监测装置

续上表

序号	成果名称	文本二维码
7	株洲机务段货机整备场牵车作业方式改进	株洲机务段货机整备场牵车作业方式改进
8	CRH1A 型动车组卫生系统新一代手持终端	CRH1A 型动车组卫生系统新一代手持终端
9	美莱克空调控制板维修检测工装	美莱克空调控制板维修检测工装
10	新型多功能动车组检修测量尺	新型多功能动车组检修测量尺
11	腻子无尘打磨小车的开发应用	腻子无尘打磨小车的开发应用
12	钢轨表面除湿除锈干燥装置	钢轨表面除湿除锈干燥装置
13	“码”上就懂道岔钢轨折断的加固处理	“码”上就懂道岔钢轨折断的加固处理

续上表

序号	成果名称	文本二维码
14	智能轨道扣件喷涂油脂机项目	智能轨道扣件喷涂油脂机项目
15	轨道车收轨吊钩防摆动装置	轨道车收轨吊钩防摆动装置
16	护轮轨专用加力扳手	护轮轨专用加力扳手
17	采用特制钢垫板整治钢梁明桥面轨底超垫问题	采用特制钢垫板整治钢梁明桥面轨底超垫问题
18	陈彬轨距精改“九个一”工艺法	陈彬轨距精改“九个一”工艺法
19	研制铁路梯车转运装置	研制铁路梯车转运装置
20	一种安装于接触网 H 形钢柱上的隔离开关整体起吊装置	一种安装于接触网 H 形钢柱上的隔离开关整体起吊装置

续上表

序号	成果名称	文本二维码
21	下锚拉线回头制作器	下锚拉线回头制作器
22	人工道岔辅助确认装置无线远程监测控制终端	人工道岔辅助确认装置 无线远程监测控制终端
23	动车组司机辅助导引实训终端	动车组司机辅助导引 实训终端
24	便携式多功能道岔方尺	便携式多功能道岔方尺
25	便捷式钢绞线煨弯器	便捷式钢绞线煨弯器
26	接触网外置槽道化学锚栓孔的钻孔模具	接触网外置槽道化学 锚栓孔的钻孔模具
27	叫班“八字工作法”	叫班“八字工作法”